달리는
엄마는
흔들리지
않는다

달리는 엄마는 흔들리지 않는다

초판 1쇄 발행 2025년 10월 1일

지은이 임자영　**펴낸이** 이성용　**책디자인** 책돼지
펴낸곳 빈티지하우스　**주소** 서울시 마포구 성산로 154 4층 406호(성산동, 충영빌딩)
전화 02-355-2696　**팩스** 02-6442-2696　**이메일** vintagehouse_book@naver.com
등록 제 2017-000161호 (2017년 6월 15일)　**ISBN** 979-11-993021-2-5　03810

- 이 책은 저작권법에 따라 보호를 받는 저작물이므로 무단 전재와 복제를 금지하며, 이 책 내용의 전부 또는 일부를 사용하려면 반드시 저작권자와 빈티지하우스의 서면동의를 받아야 합니다.
- 빈티지하우스는 독자 여러분의 투고를 기다리고 있습니다. 책으로 펴내고 싶은 원고나 제안을 이메일(vintagehouse_book@naver.com)으로 보내주세요.
- 파손된 책은 구입하신 서점에서 교환해 드리며 책값은 뒤표지에 있습니다.

달리는 엄마는 흔들리지 않는다

엄마의 삶은 물론
여자의 자존감까지
다시 찾게 해준
요물 달리기!!

임자영 지음

프롤로그
약골 엄마의 시작

어릴 적, 시골에 다녀오면 꼭 앓아눕는 아이였습니다. 중학생 때까지는 공부도 잘했지만, 외고에 진학하며 둔재가 된 충격에 시험 당일에야 책을 펼칠 만큼 무기력했습니다. 고3 겨울방학 땐 급한 마음에 친구들과 원룸에서 합숙하며 공부를 했지만, 똑같이 생활해도 아픈 건 늘 저였습니다.

　그때나 지금이나 '시간'은 누구에게나 공평했지만, '체력'만큼은 달랐습니다. 반복되는 요양 끝에 깨달았습니다. '남들처럼 해서는 버거운 몸, 나는 약골이구나.'

몸이 약해도 하고 싶은 건 많았습니다. 하지만 체력은 늘 벽이 되었죠. 운동도, 악기도, 일도 체력의 벽 앞에서 멈춰야 했습니다. 그렇게 시도만 하다 어느 것 하나 제대로 성취하지 못한 채 어느 날, 엄마가 되었습니다.

육아의 터널 속에서 가끔은 억울했습니다. 화려한 SNS나 육아서 속 '대단한 엄마들'처럼 살지도 않는데, 왜 내 육아는 이렇게 고단할까. 누구를 향한 건지도 모를 분노가 가슴속에 켜켜이 쌓여갔습니다.

아이를 안고 행복하게 웃는 순간도 분명 있었지만, 마음 한편에서는 자꾸만 '나'는 사라지고 '엄마'만 남는 것 같아 서운했습니다. 지친 날엔 아이에게 화를 내기도 했고, 그런 나를 탓하며 점점 더 작아졌습니다.

몸이 약하니, 마음도 아주 쉽게 무너졌습니다. 그런데 육아만큼은 달라야 했습니다. '적당히'라는 말로 타협해버리면, 나의 인생에서 가장 큰 후회로 남을 게 분명했습니다.

그 무렵 달리기를 만났습니다. 체력 좋은 사람들의 전유

물이라 생각했던 그 운동을, 아이를 낳고 체력이 바닥났을 때 시작하게 되었습니다.

스마트폰 속 작은 알람이 저에게 "이제 1분만 달려보라"고 말했습니다. 믿을 수 없을 만큼 짧은 시간이었지만, 그게 제 첫 달리기였습니다. 그날 저녁, 아이들과 영상을 보다가 앉은 채 꾸벅꾸벅 졸았습니다. 짧게 뛰었을 뿐인데 그렇게 지칠 줄은 몰랐습니다. 생각보다도 더 약한 나와 마주했습니다.

그럼에도 다시 달렸습니다. 그리고 또 달렸습니다.

1분 달리기를 5번에서 6번으로 늘려가고, 그다음에는 한 번에 1분 30초로 시간을 조금씩 늘려가는 식이었습니다. 버거웠던 첫걸음으로 시작해, 이제는 10km를 뛰고도 남은 하루를 거뜬히 보낼 수 있는 사람이 되었습니다. 남의 이야기만 같던 하프 마라톤도 완주했습니다. 여전히 풀 마라톤을 달린 적도 없고 달릴 수도 없을 것 같이 느껴지지만, 5분이든 10분이든 어떻게든 방법을 찾아 틈틈이 달리고 있습니다.

약한 몸보다도 더 약한 마음을 가져 자신을 미워했던 사람이 이제는 그 마음을 일으키는 엄마가 되었습니다. 그렇게 3년째 멈추지 않고 달리고 있습니다.

30대 후반, 두 아이의 엄마가 되어 깨달은 게 있습니다. 달리지 않아도 숨 쉴 수는 있지만, 숨차게 뛰고 나서야 비로소 숨을 제대로 쉴 수 있다는 사실을요.

달리며 몸과 마음을 단단히 다져도 삶은 여전히 나를 무너뜨리는 파도를 몰고 온다는 사실도요.

처음엔 운동으로 일으켜 세움에도 번번이 쓰러지고 마는 나를 탓했습니다. 하지만 이제는 압니다. 태풍이 오지 않기를 바라기보다 쓰러져도 다시 일어나는 것, 그게 내가 할 수 있는 유일한 일이라는 것을요.

그리고 나를 일으키는 가장 확실한 방법은 언제나 달리기였습니다. 육아와 일에 지쳐 생긴 상처 위에 달리기를 덧대어, 새살이 돋도록 스스로를 돕는 사람이 되어가고 있습니다.

이 책에는 완벽하지 않아도, 오히려 시간이 없어서 가능했던 현실적인 이야기를 담았습니다. 한때는 설거지조차 버거워 지쳐 쓰러지던 몸이 이제는 달라졌습니다. 아이들과 저녁을 먹고 나면, 창 너머로 저무는 해를 바라보며 물을 틀고, 그릇을 하나씩 씻어냅니다. 어둠이 서서히 스며드는 부엌에서 아이들의 웃음소리가 퍼질 때, 나도 모르게 따라 웃는 나를 발견합니다.

달리기가 제게 준 선물은 하루를 스스로 단정히 매듭짓고, 매일의 삶을 지켜내는 단단함이었습니다. 제가 그토록 오래도록 꿈꿔온, 바로 그것이었습니다.

늦은 밤 돌아오는 남편을 원망했던 어제의 내가 이제는 그의 고단한 하루를 묵묵히 짐작하고, 마음으로 안아줍니다. 달리고 글을 쓰느라 집안일을 미룰 때도 있지만, 그렇게 쌓아가는 엄마의 성취가 아이들에게는 스스로를 탓하는 엄마보다 더 좋은 선물이 되리라 믿습니다.

늘 건강하기만을 바라던 사람이 이제는 정말로 건강을 한 걸음씩 만들어가는 사람이 되어가고 있습니다.

육아에도 운동에도 정답은 없습니다. 하지만 제게는 달리기가 정답이었습니다. 이 책이 육아로 지친 또 다른 엄마에게 회복의 씨앗이 되기를 바랍니다.

그리고 아이들과 함께, 엄마 자신의 삶도 사랑하며 한 발짝 내딛고 싶은 마음이 단 한 번이라도 든다면, 이 글이 존재하는 이유는 그걸로 충분합니다.

 # 차례

프롤로그 약골 엄마의 시작 004

Part 1 무너진 몸, 무너진 나 013

- 01 패배감으로 시작된 육아 014
- 02 센터 등록보다 필요한 건 가족 019
- 03 둘째와 운동, 불가능을 깬 시작 027
- 04 유모차를 밀며 달릴 수 있을까 039
- 05 병원도 열지 못한 회복의 문을 열다 047
- 06 고작 1분으로 달라진 것 054

Part 2 1분에서 30분으로 061

- 07 엄마의 시간을 허락한 새벽 062
- 08 아이 말고, 나를 위한 첫 목표 071
- 09 엄마에게는 새벽 운동도 사치인가요 078
- 10 함께 뛰는 시간을 위한 남편의 휴직 086
- 11 달라지기에 충분했던 30분 096
- 12 윗몸일으키기 3등급에도 멈추지 않는 마음 102

Part 3 이제는 달리는 엄마입니다 109

- 13 마라톤을 위한 첫 투자 110
- 14 육아의 틈에서 완주한 10km 117
- 15 달리는 의사에게 배운 것 126
- 16 나만의 제니, 차은우 133
- 17 오래 품은 꿈은 결국 도착한다 141
- 18 10km가 선물한 자신감 147

Part 4 이래 봬도 엄마의 루틴 — 157

19 인스타에 달리기를 올리면 생기는 일 158
20 소소하지만 확실한 보상의 힘 163
21 등산 캐리어가 열어준 엄마의 시간 170
22 달리기를 지켜준 제도 177
23 틈을 달려 도착한 하프 185

Part 5 이제 나로 달린다 — 197

24 달리기를 권하는 진짜 이유 198
25 건강 체질이라는 오해 202
26 동료에게 달린다고 말하기까지 208
27 혼잣말이 대화로 바뀌는 순간 213
28 별빛 아래 함께 뛰는 엄마들 219
29 달리기, 아이에게 스며든 유산 231
30 달리는 가족은 흔들리지 않는다 241

에필로그 이제 당신의 달리기입니다 254

Part 1
무너진 몸, 무너진 나

01

패배감으로 시작된 육아

나는 약골이었다. 어릴 적 겨울방학이면 어김없이 열병을 며칠씩 앓았다. 남들도 다 그러는 줄 알았다. 나중에서야 그게 아니라는 걸 알았다.

체력이 약하다는 걸 자각한 후로는 운동의 끈을 놓지 않았다. 검도도 배우고, 자전거로 제주를 한 바퀴 일주하는 도전도 해봤다. 하지만 그런 노력에도 불구하고, 사람들은 여전히 나를 보면 "몸이 약해서 어떻게 해요"라고 말했다. 타고난 골격과 몸의 힘을 완전히 극복하기란 쉽지 않았다. 그렇게 약골이라는 낙인과 함께 39년을 살아왔다.

교사로서의 삶도 크게 다르지 않았다. 교실에 들어서면 아이들이 조용히 앉아 선생님의 이야기를 듣는 장면이 당연히 펼쳐질 줄 알았다. 하지만 초임 시절의 교실은 교실보다는 놀이터에 가까웠다. 갑작스러운 학급 신설로 3월 중순에야 뒤늦게 반이 추가로 생겼고, 원래 있던 반에서 새로운 반으로 이동해서 만들어진 1학년 새 학급의 아이들은 시작부터 제각각이었다.

쉬는 시간마다 교실 밖으로 나간 아이들을 일일이 데려와야 했다. 수업보다 아이들을 자리에 앉히는 데 더 많은 에너지를 쓰던 날들이 이어졌다. 그렇게 우당탕거리던 날들 속에서 아이들을 일으켜 세우는 일에는 익숙해졌지만, 정작 나 자신을 일으키는 데는 여전히 서툴렀다.

그 시절의 나는 미숙했던 걸까. 그렇게 지친 몸과 마음으로, 엄마가 될 준비가 되었는지조차 확신할 수 없는 채 임신을 했다.

임신 초기, 피비침이 있었다. 병원에서는 "움직이지 말고 누워있으세요"라고 했다. 말 잘 듣는 학생처럼 그 말을 고스란히 따랐다. 가벼운 산책만 간신히 이어갔고, 원래 약했던 체력은 순식간에 바닥났다.

그런데도 자연분만만큼은 꼭 해내고 싶었다. 엄마에게 물려받은 자연주의 신념 탓인지, 그것이 아이를 만나는 유일하고 당연한 길이라고 믿었다. 만삭의 몸으로 하루 만 보를 걷고, 유튜브를 보며 임산부 요가를 하고, 13층 계단을 오르내리며 스스로의 몸을 믿으려 애썼다.

하지만 예정일이 지나도 낌새가 없었고, 병원에서는 유도분만을 권했다. 아침 7시 입원, 8시 촉진제 투여. 오전 11시 자궁문이 열리며 희망이 보였지만, 저녁 6시가 지나도 아이는 내려오지 않았다. 나는 열이 났고, 아이는 태변을 먹었다.

"이제 자연분만은 어려울 것 같아요. 수술을 결정하셔야 해요."

내 의지가 더 이상 개입할 수 없을 거라는 그 말을 듣는 순간, 끝까지 참아내겠다는 마음이 구멍 난 풍선처럼 사그라졌다.

그때부터 나는 현실에서 한 걸음 물러나 시공간 너머 어딘가에서 그 장면을 지켜보는 사람이 되었다. 따뜻한 형광등 아래 있던 가족 분만실에서, 하얗고 차가운 조명이 켜진 수술실로 향하는 길. 가족 분만실에서 수술실까지 채 10m도 되지 않는 그 거리가 그렇게 낯설고 멀 수가 없었다.

몇 시간 전 두 발로 걸어서 들어왔던 내가, 휠체어에 실려 나가고 있었다. 밝은 조명이 시리게 비추는 수술대에 누웠을 때 10개월을 함께한, 익숙하면서도 낯선 주치의가 들어왔다.

"마취 먼저 할게요. 새우처럼 등을 말아 보세요."

마취가 번져가자 다리는 점점 감각을 잃어갔다. 하지만 응급 수술이라 마취가 완전히 퍼질 틈도 없이 수술이 시작되었다. 통증은 없었지만, 칼날이 오가며 살을 가르는 묘한 촉감이 전해졌다. 뺨을 타고 흘러내리는 액체가 땀인지, 눈물인지 분간하기 어려웠다.

잠시 뒤, 아이가 세상 밖으로 나왔다. 내 몸에서 나왔지만, 스스로 낳지 못한 아이. 감격의 눈물 대신 깊은 숨이 나왔다. 그

것이 안도인지, 아쉬움인지 알 수는 없었다. 비현실적인 꿈 같았고, 동시에 너무나 현실적이었다.

그날 이후 나는 같은 질문을 되뇌었다. 원래 몸이 약해서였을까? 왜 병원에서 "누워 있으라"라는 말을 아무 의심 없이 따랐을까? 예정일이 다가왔을 때, 좀 더 부지런히 몸을 움직였더라면 아이가 빨리 내려왔을까?

되돌릴 수 없는 후회가, 산후 호르몬을 타고 밀물처럼 몰려왔다. 그렇게 나의 육아는 패배감으로 문을 열었다.

무언가를 시작하고 끝까지 도달하지 못했던 지난날처럼, 출산 역시 시도에서 멈췄다.

아이와의 첫 만남은 설렘보다 서러움이 앞섰고, 기쁨보다 자책이 더 컸다. 이런 내가 아이를 잘 키울 수 있을까. 보통의 엄마들처럼 아이를 안고 웃을 힘이 있을까. 몸도 마음도 바닥이었다.

센터 등록보다 필요한 건 가족

"엄마랑 아빠 시골로 내려갈게."
"정말? 우리만 두고?"
"응. 이제 할머니, 할아버지 모셔야지."

아빠가 평생을 바친 회사를 퇴직하자마자 할머니, 할아버지 그리고 외할머니까지 세 분을 모시겠다며 고향으로 내려가셨다. 순식간에 집이 조용해졌다. 부모님과 함께 살던 집에 어느 날 갑자기 동생과 나만 덩그러니 남았다.

그러다 녹과 결혼하며, 그 집에서 동생과 남편 이렇게 셋이 함께 사는 기묘한 신혼이 시작했다. 동생과 함께 살면 아이 갖기 어려울 거라는 동료들의 우려와는 달리, 신혼 8개월 차에 아이가 뱃속에 찾아왔다.

사회적 거리두기와 겹친 임신 초기에는 혹시라도 아이가 잘못될까 봐 출근 외에는 약속 하나 잡지 않았고, 발걸음마저 조심스레 아끼며 지냈다.

아이를 낳은 2020년은 코로나가 한창이었다. 아이는 배 속에서부터 '코로나 베이비'라는 신조어로 불렸다. "쯧쯧. 애들이 집에만 있어야 하니, 애 사회성은 어떻게 해"라는 이야기도 심심치 않게 들었다.

하지만 의외로 좋은 점도 있었다. 경기가 안 좋아진 탓에 공격적인 마케팅을 한 바로 그곳, 운동 센터였다. 사회적 거리두기로 회원 모집이 어려운 탓에 1대 1 필라테스가 파격 할인 이벤트 중이었다. 임신 중이라 바로 운동을 할 수는 없었지만, 출산 후에 하기 위해 개인 운동 이용권을 끊었다.

"지금 이용권만 미리 끊고, 출산 후에 운동하려는 데 가능할까요?"라고 묻는 회원이 황당했을 법도 한데, 당시에는 센터에서 회원 한 명이 귀했을 테고, 나는 출산 후 골골댈 것을 예상했기에 서로에게 윈윈이었다.

코로나로 인한 거리두기가 계속되었다면, 센터가 아예 문을 닫을 위험이 있었다는 것을 나중에야 헤아릴 정도로, 그때는 출산 후 체력 회복만 눈에 들어왔다. 아이를 낳은 후에는 아이를 누군가에게 맡겨야지만 운동을 할 수 있다는 사실을 생각조차 못 했다. 그저 출산을 앞두고 필라테스 재활 운동을 미리 준비한 자신이 기특할 뿐이었다.

하지만 아이를 낳고 나니 운동 이용권이 중요한 게 아니었다. 진짜 문제는 따로 있었다. 나는 유독 엄마와의 애착이 심해서 엄마랑 떨어지면 불안해하는 6개월 차 아이를 가진 몸이었다.

'아. 엄마는 운동하고 싶다는 마음만으로 운동할 수 있는 게 아니었구나.'

아이가 있으니, 엄마인 나는 운동하는 동안 아이를 봐줄 사람이 있어야지만 운동을 할 수 있었다. 육아를 먼저 경험하고 있는 친구가 나를 부러워하며 "지금의 시간을 즐겨"라고 했던 말의 의미를 이제야 오롯이 이해할 수 있었다.

예전에는 먹여주고 재워주는 데 죄수가 감옥에 가는 게 무슨 큰 벌일까 싶었는데, 자유 의지를 박탈당하는 것은 생각보다 더 큰 괴로움이라는 것을 아이를 낳고 깨달았다.

결혼 전에 이런저런 운동을 하려고 애쓰던 당시 들었던 말 중 최고의 운동 동기부여는 "돈으로 의지를 산다"였다. 비싼 돈으로 운동을 등록하면 그게 아까워서라도 운동을 하게 된다는 의미였다.

아이를 낳고 나니 이것보다 더 강력한 게 있었다. 바로 '아이를 두고 혼자 운동하러 갈 수 있다'라는 사실 자체였다. 운동을 빌미로 밖에 나갈 수 있다는 사실이 정말 행복했다. 자유 의지로 밥을 먹거나 화장실에 가는 게 불가능한 생활을 하다가 운동하러 가는 길에 마음먹은 대로 걷고, 움직이고, 멈출 수 있다는 사실은 자유이자 축복이었다.

운동하러 밖으로 나가는 것 자체가 너무 좋아서 절대 빠지고 싶지 않았다. 운동하러 갈 때는 동생에게 아이를 맡기거나, 녹이 반찬을 내고 와서 아이를 봐주었다. 온 가족의 지원이 있어야 가능한 게 바로 엄마의 운동이었다.

제왕절개를 했기 때문에 배에 직접 힘쓰는 운동을 제외하며 조심스럽게 운동을 시작했다. 필라테스를 시작한 지 4개월이 지난 10번째 수업 날, 좀처럼 칭찬에 인색했던 강사님이 동작이 잘 된다며 동영상으로 모습을 찍어주었다.

출산 후 미스테리가 하나 있었다. 아이를 낳았는데도 아이 몸무게보다 더 적게 살이 빠진 것이었다. 임신하면서 총 14kg 정도가 쪘는데, 아이 몸무게보다 적게 빠졌으니 원래 몸무게에서 12kg 정도가 더해진 셈이었다.

예전보다 붓고 무거운 몸은 내 마음까지 무겁게 만들었다. 하지만 필라테스를 시작한 지 6개월쯤에 드디어 임신 전 몸무게로 돌아갔다. 출산 이전의 숫자를 다시 만나자 안도가 되었다.

이 시기 아이는 이앓이 때문인지 밤낮없이 울었고, 나는 '아이만 돌보는데도 그마저도 잘 못하는 엄마구나' 하는 자책감에 점점 작아지고 있었다. 그래도 운동만큼은 포기하지 않았다. 따로 식단을 짤 여유는 없었으니, 하루 세끼를 일정한 시간에 먹는 것을 꼭 지켰다. 양은 평소의 70% 정도로만, 제시간에 꼬박꼬박 챙겨 먹고 주 1~2회 운동하기. 거창한 비법은 아니었지만, 그 단순한 습관이 나를 다시, 원래의 내 몸으로 데려다주었다.

그 숫자는 단순한 몸무게가 아니었다. 흩어져 가던 자존감의 조각들을 하나씩 다시 모으게 해준, 엄마에게는 구원이자 희망이었다.

엄마의 운동은 가족의 도움 없이는 절대로 불가능하다는 걸 계속 느끼며 매 운동을 이어갔다. 다행히 아이가 조금 자라 어린이집에 다니게 되면서, 엄마의 운동 시간을 계속 확보할 수 있었다.

그동안 내 운동을 위해 아이를 맡아줬던 동생에게는 고마운 마음에 그리고 얼마나 운동의 힘이 큰 지를 깨달았기에, 1대 1

필라테스 이용권을 선물했다. 또한 내 운동이 소중했듯, 녹의 운동 시간도 얼마나 귀한지 알게 되어 운동을 챙기는 게 얄밉게 느껴졌던 그의 운동 시간을 존중해주려 애썼다.

그렇게 엄마의 운동을 지켜주기 위한 가족의 배려는, 또 다른 가족의 운동을 지켜주는 선순환을 만들었다.

 자형찌의 팁

제왕절개 후 운동 시기

자연분만과 달리 제왕절개 후에는 운동을 할 때, 조금 더 조심해야 합니다. 가벼운 움직임은 괜찮지만 복부에 힘이 들어가는 운동은 적어도 3개월 이후부터 하는 것을 추천합니다. 복부가 안정적으로 회복된 후, 6개월 이후부터가 안전하게 운동을 시작할 수 있는 시기입니다.

출산 후 다이어트

출산 후 6개월까지가 다이어트의 골든 타임이지만, 12개월까지도 체중 감량이 잘 되는 시기라는 연구가 있습니다. 이 시기에는 특별한 다이어트식을 차릴 필요 없이, 평소 먹던 식으로 세끼를 규칙적으로 먹으며 식사량을 70% 정도로 줄이고 간식을 끊는 것만으로도 몸무게 회복에 충분히 효과적입니다.

둘째와 운동, 불가능을 깬 시작

필라테스의 효과는 확실했지만, 개인 레슨을 지속하기에는 비용 부담이 컸다. 대신 그동안 해보고 싶던 요가를 신청했다. 여러 클래스 중 내가 원하는 클래스를 선택해서 매주 5회 이상의 수업에 참여 가능했다. 필라테스보다 운동량이 줄었는데도 이상하게 요가를 하고 돌아오면 너무 피곤해서 집으로 돌아와 기절하듯 잠들었다.

하루는 첫째가 가벼운 감기 증상이 있어 요가를 끝내고 오는 길에 평소보다 일찍 어린이집으로 가서 아이를 데리고 함께 집으로 돌아왔다. 아이와 단둘이 있는데도 잠을 참을 수 없었다. 결국 아이만 혼자 놀게 두고, 아니 그런 걸 생각할 겨를도 없이 잠에 취해 낮잠을 잤다.

'요가를 하고 이렇게나 피곤하다니. 운동 효과가 엄청나게 좋은가 보다.'

알고 보니 단순히 요가 때문에 이렇게 졸린 게 아니었다. 혹시 임신인가 싶어 산부인과에서 피검사를 했는데, 예상보다 수치가 지나치게 높게 나왔다. 늘 쿨하게 조언하시던 주치의 선생님이 눈을 크게 뜨며 놀라는 걸 보고, 순간 몸에 이상이 생긴 건 아닌지 걱정됐다.

하지만 곧 밝혀진 사실은 너무 의외였다. 너무 높은 수치가 나온 것은 임신 초기가 아니라 이미 임신 10주 차였다는 사실 때문이었다. 두 달 동안 뱃속에 아이를 품고도 전혀 몰랐다니, 안도와 놀라움이 한꺼번에 밀려왔다.

아직 첫째가 갓 돌이 지난 즈음이었고 여전히 모유 수유

중이라 생리를 안 해서 임신한 줄도 몰랐다. 돌이켜보면 참을 수 없이 졸렸던 것은 임신 초기의 증상이었다. 가장 조심해야 할 임신 초기에 임신한 줄도 모르고 일반 요가를 해왔지만, 임신 사실을 알고서는 계속 이어갈 수 없어서, 임산부 요가로 전환했다.

돌이 갓 지난 첫째를 돌보면서도, 둘째를 품은 내 몸 또한 지키고자 35주 차까지 꾸준히 임산부 요가를 이어갔다. 그렇게 몸을 돌보려 부단히 애썼지만, 내 이야기가 될 거라고는 생각하지 못한 임신성 당뇨 판정을 받았다.

"마른 임당(임신성 당뇨의 줄임말)은 더 위험한데?"

한 임당 선배가 말했다. 그랬다. 살이 찐 것도 아니었고, 평소 식습관도 건강한 편이었는데 임당이 되니 좌절이 더 컸다. 당뇨 DNA 탓일까. 그렇게 부모님을 탓해본들, 그 화살의 끝에서 아픈 것 또한 나 자신이었다.

그 마음을 애써 다독이며 돌 지난 아이와 뱃속의 아이, 그리고 동시에 나 또한 돌보기로 했다.

임당의 다른 이름은 식단 관리와의 싸움이었다. 탄수화물을 조금만 먹어도 혈당수치가 치솟았다. 돌쟁이 아이를 키우는 산모가 매 끼니 식단 관리를 하는 게 만만치 않았다.

하루는 첫째가 먹다 남긴 옥수수랑 바나나가 아까워서 반쯤만 먹고 혈당을 쟀다.

'가공식품이 아니니까 이 정도쯤은 괜찮을 거야.'

하지만 고작 반쪽짜리 옥수수와 3분의 1의 바나나를 먹고 혈당이 폭발하자 서러움도 함께 터져 나왔다. 이미 올라버린 혈당을 떨어뜨려야 했다. 아이를 데리고 밖에 나갈 기운이 없어서 집 안에서 제자리 걷기를 하며 혈당을 낮췄다.

그렇게 매 끼니가 시험대에 올랐다. 첫째 때와 달리 식단까지 챙기며 몸 관리에 애썼지만, 임신 중 가벼운 운동과 식단만으로는 허약한 체질을 바꾸기엔 역부족이었다.

그 한계는 출산 후에도 이어졌다. 둘째를 낳고 조리원에 있다가 집으로 돌아온 지 채 일주일도 안 된 어느 날, 첫째가

고열이 났다. 가족의 건강과 관련된 엄마의 예감은 빗나가지 않았다.

코로나 자가진단 키트에 붉은 두 줄이 또렷이 나타났고, 그 순간 내 마음에도 빨간 두 줄의 상처가 그어지지는 듯했다.

38일 된 신생아가 있는 집에 들이닥친 코로나라니. 걱정이 몰려왔지만, 멈춰 서 있을 수만은 없었다. 더 번지기 전에, 최선을 다해 지킬 수 있는 것에 집중했다.

그날 집에 와있던 산후도우미 이모님께 상황을 전하자, 놀란 표정으로 곧바로 퇴근하셨다. 녹은 일을 중단하고 집으로 돌아와 바로 둘째와 함께 시댁으로 향했다. 신속히 피신한 덕에 둘째는 무사했고, 이모님도 건강을 지켰다.

첫째와 함께 있던 나는 피하지 못했고 코로나는 떠났지만, 기침이 되어 한참을 머물렀다. 괜히 무서운 병이 아니었다. 기관지를 중심으로 몸이 전체적으로 약해진 게 뚜렷하게 느껴졌다. 첫째를 낳고 18개월 만에 둘째를 낳고, 출산 38일 만에 코로나에 걸렸으니 몸이 견디지 못할 만도 했다.

부모의 몸이 골골대도 어린아이들이 그 사정을 이해해줄 리 없었다. 주말, 도우미 이모님도 없고 녹도 시댁 행사로 자리를 비운 날, 홀로 아이 둘을 처음 돌보게 됐다. 그런데 하필 그 날, 둘이 동시에 울기 시작했다.

첫째도 겨우 19개월. "동생이 우니까 기다려줄래?"가 통할 리 없었다. 결국 첫째는 포대기에 업고, 둘째는 품에 안은 채 자장가 메들리를 불렀다. 작은 체구에 두 아이의 체중이 동시에 내려앉자, 숨이 조금씩 가빠졌다. 그래도 다행이라면 첫째를 막 돌볼 때처럼 격렬하게 울진 않았다는 점이었다.

'엄마로서 성장했구나.'

그 생각도 잠시, 등과 팔로 통증이 묵직하게 번졌다. 귀에는 아이들의 울음이 잦아드는 소리와 내 숨소리가 뒤섞여 맴돌았다. 품과 등에 전해지는 아이들의 체온은 따뜻하게 느껴졌지만, 그 온기가 오히려 내 체력을 빠르게 빼앗았다.

거울 속, 앞뒤로 아이 둘이 매달린 채 비틀거리며 자장가를 부르는 내 모습이 서럽게 느껴졌다. 그 장면은 사진을 찍지 않았어도 여전히 선명하게 남아 있는, 잊을 수 없는 순간이었다.

　산후도우미 이모님이 계실 때는 잠시 나가 햇볕을 쬐며 걸었고, 밤사이 수유로 조각난 잠을 낮에 이어 붙일 수 있었다. 하지만 도우미 이용 기간이 끝나자, 아이 둘을 돌보며 내 몸까지 챙기는 일은 점점 사치가 되어갔다.
　하루가 저물면 아이를 안느라 어깨는 안으로 휘어졌고, 다리는 그 무게를 버티기 힘들었다.

　하지만 나에게도 아이보다 내 몸을 먼저 걱정하는 사람이 있었다. 멀리 사는 친정엄마였다. 엄마는 산후 보약을 지어 보내주었고, 나는 두 첩을 다 비웠다. 그러나 몸은 여전히 몸이 무거웠다.
　그때 깨달았다. 나를 근본적으로 회복시킬 힘은 약이 아니라, 내 몸을 스스로 움직이는 데서 찾아야 한다는 것을. 문득, 동생이 다니던 필라테스 원장님이 했던 말이 떠올랐다.

"아이 낳고 100일이면, 제왕절개를 했더라도 운동할 수 있어요."

하지만 마음보다 현실이 먼저 가로막았다. 백일 된 아이를 어디에 맡길 수 있을까. 첫째 때 이미 신세를 진 동생에게 또 부탁하기도, 야근이 잦아진 녹에게 꾸준히 맡기기도 어려웠다.

아이가 한 명이어도 운동을 지속하기 힘든데, 둘이 된 지금은 더 버거웠다. 고민을 털어놓자 원장님이 먼저 제안했다.

"그럼 둘째를 데리고 같이 운동 나와보시겠어요?"

그분도 출산 후 계단 한 층 오르기가 힘들었지만, 필라테스를 하며 조금씩 체력을 되찾았다고 했다. 내 처지를 진심으로 공감해주는 그 말에 민폐 끼치는 일만큼은 피하고 싶었지만 어떻게든 나를 살리고 싶어 운동을 시작했다.

겨우 50분 운동을 하러 가며 한 짐을 챙겼다. 커다란 쇼핑백엔 깔개와 아기 베개 그리고 아기 체육관을 넣었고, 아기띠에 둘째를 안고 집을 나섰다.

아이와의 운동은 매 순간이 작은 모험이었다. 갓 100일을 넘긴 아이는 엄마가 평소랑 달리 활기차게 옷을 갈아입고 어딘가로 함께 나가니 눈이 구슬처럼 동그래지며 놀라기는 했지만, 좋아하는 눈치였다.

'아이를 옆에 두고 운동하다니.'

첫째 때는 상상도 못 했던 일이 현실이 되었다. 현실은 늘 막연하게 상상하던 최악보다 나았다.

필라테스 센터에 도착해서 낯설어 울 것을 걱정했던 것과 달리, 둘째는 여기저기 커다란 눈알을 굴리며 구경하는 게 꽤 신나 보였다. 집에서는 들을 수 없던 엄마의 말소리와 활기찬 움직임이 둘째에게도 기분 좋은 자극이 되는 듯했다. 어떤 날은 누워서 놀다가 잠드는 날도 있었다. 그런 날에는 마음 놓고 집중해서 운동했다. 보채는 날에는 강사님이 둘째를 안아주며 코칭을 해주셨다.

"첫째 돌보는 것만으로도 기력이 없어서 둘째는 안아준 적이 거의 없어요."

"가엾어라"를 연발하며 따뜻하게 아이를 안아주셨다. 그 모습 덕분에 정신이 번쩍 났다. 내 아이에 대한 애정을 좀 더 장착하려고 애썼다.

둘째를 낳기 전에는 엄마의 운동 시간을 다시 확보하는 건 몇 년 후에나 가능할 거로 생각했다. 그런데 24개월도 안 된 아이 둘을 동시에 키우는 엄마도 운동을 할 수 있었다.

생각보다도, 아이를 키우는 내 삶을 응원하고 돕고 싶어 하는 손길이 가까이에 있었다. 아이를 낳기 전만 해도 살아가는 데 내 개인의 의지가 중요하다고 생각했다. 그러나 지금은 안다. 결국, 엄마의 삶은 혼자가 아니라, 누군가의 따뜻한 손길 덕분에 다시 움직일 수 있다는 것을.

 **자영찌의 팁**

100일 아이를 데리고 운동하는 법

1. 포기하지 말고 먼저 물어보기

아이가 어리다고 운동하는 게 불가능할 거라 미리 단정하지 않아도 됩니다. 1대1 운동이라면, 엄마의 건강 회복을 응원하는 트레이너나 강사가 의외로 많습니다. 아이를 데리고 가도 되는지 용기 내어 먼저 물어보세요.

2. 아이동반 클래스 참여

'맘 & 베이비 클래스', '아기띠 클래스' 같은 프로그램을 운영하는 요가원·필라테스·PT샵·문화센터가 있습니다. 찾아보면 생각보다 다양하게, 아이와 함께 운동할 수 있는 방법이 열려 있습니다.

04
유모차를 밀며 달릴 수 있을까

둘째가 기어 다니기 시작했다. 스트레칭을 하려는 순간, 내 발목으로 작은 손길이 다가왔다. 조막만 한 손이 다리에 닿는 감촉을 느끼고 아래를 내려다보자, 까만 눈동자가 위를 올려다봤다. 그 순간, 이곳에 아이와 함께 올 수 있는 날들이 얼마 남지 않으리라는 걸 직감했다.

둘째를 데리고 필라테스를 다니며 조금씩 회복하던 체력은, 아이의 움직임이 빨라질수록 서서히 줄어들었다. 멈춰버린 몸보다 더 답답한 건, 다시 움직일 수 없을지도 모른다는 생각이었다.

아이 둘을 동시에 맡겨야만 가능한 엄마의 운동은, 녹의 퇴근이 늦어지면서 점점 자리가 줄어들었다.

육아는 시작부터 중심이 엄마에게 기울어 있었다. 이상하게도 시간이 갈수록 그 기울기는 더 심해졌다. 초보 엄마는 늘 동동거리며 아이들을 돌보다 지쳐 잠들었고, 새벽에는 아이들이 언제 깰지 몰라 마음을 놓을 수 없었다. 겉으로는 평온하게 잠든 듯 보이지만 속은 늘 들끓는 엄마를 뒤로하고, 녹은 매일 새벽 테니스를 쳤다.

연애 시절에는 테니스를 열심히 하며 몸을 돌보는 게 매력 포인트였다면, 이제는 그 모습이 얄미움으로 거듭났다. 녹이 운동하러 갔을 시간에 나는 '피곤하니까 자는 게 당연해. 아이들이 언제 깰지 모르는데, 나라도 집에 있어야지'라며 아이들과 함께 뒹굴었지만, 왠지 마음은 개운하지 않았다.

신혼 초, 녹과 함께 테니스 레슨을 받았지만, 임신 사실을 알자마자 바로 중단했다. 내가 첫 아이를 임신하고 키우고, 다시 둘째를 낳는 동안에도 녹은 변함없이 운동을 이어갔다.

원래부터 간극이 컸던 우리 사이의 운동 격차는 점점 더 벌어졌고, '함께 운동하는 부부'라는 로망도 서서히 멀어졌다. 그 간극이 조바심이 되었을까. 둘째를 낳은 지 6개월, 산후 회복이 채 끝나지 않았지만, 필라테스를 해왔으니 테니스 레슨도 가능하지 않을까 하는 생각이 들었다.

"녹, 나 테니스 레슨을 다시 받아보고 싶어요"라고 말을 끝내기가 무섭게 그 말을 이미 기다려왔던 사람처럼 곧바로 테니스 레슨을 수소문하더니 일사천리로 센터에 등록했다. 나보다 녹이 왠지 더 신난 느낌이었다.

녹이 주말에 아이들을 돌봐주기로 하면서, 나는 테니스 레슨을 다시 시작했다. 엄마인 나는 일주일에 한 번이라도 육아에서 거리두기를 할 고정적인 시간을 확보할 수 있었고, 녹은 언젠가 부인과 같은 운동을 할 수 있을 거라는 기대가 생겼다.

무엇보다 아빠 혼자 아이들을 돌보는 시간이 주기적으로 생긴다는 점에서, 매주 한 시간 엄마의 테니스 레슨은 우리 가족 모두에게 의미가 있었다.

첫째를 낳고 했었던 필라테스처럼, 둘째를 낳고 시작한 테니스 또한 '아이들을 맡기고 운동하러 갈 수 있다는 사실' 자체가 최대의 동기부여가 됐다. 귀한 시간을 낸 만큼 예전과 달리 매 레슨에 진심이었고, 공이 맞기 시작하자 테니스가 즐거웠다.

'이래서 녹이 테니스를 좋아하는구나.' 처음으로 그의 취향을 진정으로 이해할 수 있었다. 테니스가 잘되니, 잊고 지냈던 활기가 돌아왔다.

하지만 산후 8개월 차 회복 중인 엄마에게 테니스가 웬 말인가. 평소 아이들을 안고 업으며 손목이 아플 때가 있었는데, 테니스를 치며 참을 수 없이 아파왔다. 본격적으로 병원 신세를 지게 됐다. 카드 돌려막기 대신 재활의학과, 한의원, 외과를 오가며 내 몸을 '치료 돌려막기'로 내몰았다. '오늘은 어떤 병원을 가볼까?'가 일상이 되었다. 하지만 손목은 좀처럼 나아지지 않았다.

둘째 임신 중에는 산전 요가를 했고, 출산 후에는 필라테스를 해왔으니 괜찮을 거라 기대했건만, 나는 여전히 약골이었다. 결국 석 달 만에 레슨을 중단했고, 코치님께는 "저 손목터널 증후군 다 나으면 돌아올게요"라고 말은 했지만 언제 돌아올지 기약은 없었다.

운동이 멈추자, 둘째 임신 시절 내게 위로가 되었던 독서와 블로그 기록도 흐지부지해졌다. 일상을 붙잡지 못한 채 흘려보내는 날들이 이어지며, 나는 본격적으로 '잃어버린 시기'에 들어섰음을 실감했다.

아이와 함께하는 시간만으로도 충분히 행복해하는 엄마가 되고 싶었다. 하지만 이상하게도, 나는 그런 사람이 아니었다. 아이를 키우면서도, 동시에 나 자신 또한 키우고 싶은 마음. 그 마음은 늘 수면 아래 고요히 잠들어 있었다. 그리고 마침내, 그 마음을 깨울 순간이 찾아왔다.

그날도 손목은 아팠고, 마음은 무기력했다. 오랜만에 블로그에 글을 남기며 여느 때처럼 부러운 엄마들의 모습을 보며 스스로를 탓하고 있었다. 그러다 우연히 러닝크루 모집 글을 만났는데, 그 글은 뇌리에서 지워지지가 않았다.

나와 같은 초등교사이자 두 아이의 엄마가 다른 엄마들과 함께 달리며 달리기로 변화된 삶을 생생하게 증명하고 있었다. 체력이 부족해도, 아니 오히려 그래서 더 달려야 했다는 그 글은 강한 자석처럼 나를 단숨에 끌어당겼다. 단순한 부러움 이상이었다.

'나도 해볼 수 있지 않을까. 이 지긋지긋한 병원 뫼비우스 띠를 끊을 수 있을지 몰라'라는 작은 희망이 생겼다. '언젠가 나중에 한 번 해봐야지' 하며 기회를 지나 보내던 내가, 그날은 아무것도 재지 않고 곧장 댓글을 달았다. 그만큼 절박했다. 나조차 몰랐던 내 몸과 마음을 어딘가로 데려가 줄 변화를 기다려왔던 걸까.

"둘째 낳은 지 10개월 차에 손목터널증후군으로 골골대는 엄마인데, 유모차를 밀며 달려도 될까요?"

"그럼요. 저도 둘째를 낳고 체력이 떨어져서 운동 시작했어요. 할 수 있어요."

주저하며 던진 질문에 나와 똑같이 아이 둘을 키우는데도 왠지 다른 우주에서 사는 것만 같은 그분이 확신에 찬 답글을 남겼다. 그 말 한마디에 나의 기운 없던 하루가 살짝 흔들렸다.

나도 할 수 있겠다는 믿음은, 그렇게 상상하지 못했던 방식으로 찾아왔다.

# 자형찌의 팁

따로 또 같이 하는, 온라인 운동 모임

1. 엄마의 운동을 함께하는 모임

온라인·오프라인을 막론하고 '엄마의 운동'을 함께하는 모임은 생각보다 많습니다. 운동을 잘하지 않아도, 달리기를 해 본 적 없어도 괜찮습니다. 다들 힘들었던 시기를 기억하기에 오히려 더 따뜻하게 응원해 줍니다.

"나 같은 사람이 가면 민폐 아닐까?" 망설이기보다 용기 내어 문을 두드려 보세요. 의외의 변화가 시작될 수 있습니다.

2. 온라인 운동 모임 찾는 방법

개인 블로그, 맘카페, 당근마켓 동네 모임 등에서 챌린지 형식으로 운영되는 운동 모임을 쉽게 찾을 수 있습니다.

'엄마의 운동 챌린지', '엄마의 운동 모임' 같은 키워드로 검색해 보세요. 의외로 많은 정보가 나옵니다.

3. 모임이 없다면 직접 만들기

원하는 모임이 없다면 직접 열어도 됩니다. 지역 맘카페나 당근마켓 동네 모임에 함께 운동할 사람을 모집해 보세요. 비슷한 고민을 가진 이웃과 연결되면, 혼자보다 훨씬 꾸준히 이어갈 수 있습니다.

병원도 열지 못한
회복의 문을 열다

'앗, 속았다.'

처음 신청할 때만 해도 유모차 달리기도 괜찮다고 했건만, 온라인으로 진행된 OT(오리엔테이션)에 참여해보니 이야기가 달랐다. 유모차를 끌고 달리면 자세가 무너져 오히려 건강에 해로울 거라는 조언을 들었다. 이미 한 달 참가비를 내고 신청한 터였다. 속은 기분이었지만, 이왕 시작한 것 제대로 달려보고 싶다는 마음도 들었다.

아이가 낮잠을 잘 때는 언제 아이가 깰지 모르니 당연히 불가능했다. 밤에는 육아에 지쳐 아이들보다 먼저 잠드는 날이 많았고, 깨어 있더라도 달릴 기운이 없는 게 더 문제였다. 그렇다면 11개월, 29개월 아이 둘을 키우는 엄마가 달릴 수 있는 시간은 새벽이 유일했다.

새벽 달리기라니. 상상해 본 적 없는 단어였다.

겨우 서른네 살에 병원에 가는 게 일상이 되자, 나의 유일한 인생 목표는 '건강 회복'이었다. 오죽 절박했으면 그 시린 12월의 새벽에 달리겠다고 결심했을까. 함께 달리는 크루가 지켜주는 '울타리'가 주는 힘이 컸다.
그리고 또 하나, 내 짠순이 기질도 기여했다. 한 달의 목표를 달성하면 기프티콘을 받았는데, 그걸로 평소에 아까워 못 가던 카페를 땀의 대가라며 당당하게 갔다.

잊히지 않는 첫 기억은 언제나 강렬하다. '첫 달리기'가 그랬다. 그 겨울 새벽, 아이들이 자고 있을 때 운동을 하겠다며 집을 나섰다. 육아휴직을 하고 아이만 잘 키우면 되는데, 그마저도 서툴고 골골대는 엄마라 작아지기만 하던 이가 오랜만에 내 삶의 주인으로 돌아온 순간이었다.

깜깜한 새벽을 향해 문을 여는 게, 따뜻한 이불을 박차고 나서는 게 무겁게 느껴졌지만, 아이들이 깨어나기 전에 돌아와야 한다는 사실이 자연스럽게 배수의 진을 쳐줘서 발걸음을 움직이게 했다.

바람 소리조차 들리지 않았던 고요한 새벽의 길 위에서, 세상에 나 혼자 깨어 있는 듯한 기분마저 들었다. 생각보다도 새벽은 더 어두웠다. 런데이 앱의 요란한 BGM과 활기찬 트레이너의 목소리는 이 정적과 어울리지 않아 우스꽝스럽게 느껴졌다. 그 소리에 당황해 앱 설정을 뒤적이는 새벽 속 내가 낯설었지만, 그 모습이 싫지 않았다.

런데이 앱의 '30분 달리기' 프로그램으로 러닝에 발을 들였다. 이름만 들으면 처음부터 30분을 달려야 할 것 같지만, 총 8주 코스의 1주 차 첫날 내가 뛴 시간은 고작 1분씩 5번이었다.

달리는 사이사이 걷는 시간이 있어서 숨이 턱까지 차오르지도 않았다.

"잠시 후면 여러분의 첫 번째 달리기가 시작됩니다. 걱정되시나요? 오늘은 딱 1분만 달리겠습니다."

"달리기를 할 때는 절대 무리해서 달리시면 안 됩니다. 옆사람과 대화를 할 수 있는 속도로 해보세요."

"자, 이제 1분간 가볍게 달려볼까요?"

런데이 삼촌의 목소리에 맞추다 보니 혼자라면 멈췄을 순간도 자연스럽게 이어갈 수 있었다. 생각보다 할 만했고, 바닥난 체력으로도 달릴 수 있는 나였다니 왠지 통쾌했다.

새벽을 달리기로 열었던 그날 저녁, 몸이 사우나라도 다녀온 듯 노곤했다. 아이들과 앉아 있다가 그대로 꾸벅 졸았다. 달콤한 잠에서 깨어나자마자 '이렇게 피곤하다니. 1분도 무시할 게 아니구나. 이 정도 운동에 이렇게까지 피곤하다니. 내 몸이 정말 약했구나.' 충격이었지만 수확이 있었다.

1분 달리기도 어엿한 운동임을 누구보다 느낄 수 있었다.

스스로가 기특해 인스타에 "30분 달리기 1일 차!"라고 올렸다. 총 5분을 달렸다는 실상을 알 리 없는 친구는 너무 대단하다며 댓글을 남겼다. 달린 시간에 비해서는 과한 칭찬이었다. 찔렸다. 하지만 곧 생각이 바뀌었다.

이 1분은 단순한 1분이 아니었다. 30분을 쉼 없이 달려낼 수 있는 체력을 위한 첫걸음이었고, 내 마음속에서는 이미 도약이었으니까.

1분 달리기로 중요한 것을 배웠다. 내가 아무리 할 수 없을 것 같은 그런 커다란 목표라도 그 시작은 작고 소박하다는 것. 유명하고 대단해 보여 부럽기만 했던 사람들도 모두 처음엔 '1분 달리기' 같은 작은 것에서 출발했을 거라는 사실이었다.

달리기를 망설이게 한 어린아이를 키운다는 사실, 늘 약했던 나의 체력, 시간의 부족, 새벽의 무서움과 같은 나의 장애물들 또한 얼마든지 마음먹으면 넘을 수 있다는 걸 알게 됐다.

30분 달리기가 오를 수 없는 벽처럼 보이긴 해도, 1분씩 시작해 조금씩 늘려가는 방식이라면 나도 언젠가는 30분을 쉬지 않고 달리는 사람이 될 수 있을 거라는 근거 있는 희망이 생겼다. 육아에 묻혀 늘 아이에게만 향하던 내 일상에, 오랜만에 색달랐던 나를 향한 성취감이 등장했다.

고작 5분을 달리고 와서도 또렷이 새겨진 마음이 있었다. 달리기도 육아도 왠지 다 잘해 낼 수 있을 것 같은 기분. 오랜만에 나를 긍정하는 마음. 다른 이들에게는 이 짧은 달리기가 작고 사소해 보일지 몰라도, 그 안에는 아이를 키우며 나를 잃어갔던 내가 다시 나답게 살겠다는 용기가 담겨 있었다.

달리기를 상상도 못 했던 엄마의 상상도 못 할 변화는, 그렇게 단 1분씩 달린 5분에서부터 시작되었다.

 **자형찌의 팁**

단 1분으로 시작하기

1. 단 1분이라도 움직여 보세요

운동하기가 막막하고 부담스러울 때, 단 1분 운동이라도 움직여 보세요. 그 1분이, 생각보다 큰 힘이 되어 줄 거예요. 첫걸음은 언제나 작지만, 가장 위대한 시작입니다.

2. 1분 달리기의 과학적 효과

- 하루 1분가량의 강도 높은 활동만으로도 사망 위험을 30% 이상 줄이는 효과가 있다는 연구가 있습니다.
- 중요한 건 짧아도 꾸준히 쌓이는 힘이에요.

3. 실천 예시

- 베이비룸 매트 위에서 제자리 빨리 걷기 1분
- 재활용 버리고 온 후, 계단 1분 오르기
- 아이 안고 스쿼트 1분

4. 마음가짐

짧아도 매일이면, 결국 인생이 바뀝니다.

06
고작 1분으로
달라진 것

"저는 했던 훈련을 다시 반복하면서 천천히 제 속도대로 해볼게요."

처음엔 자신 있었다. 단계별로 조금씩 난이도가 올라가니, 무리 없이 해낼 수 있을 거라 믿었다. 하지만 출산 후 완전히 무너진 체력은 예상보다도 깊게 나를 붙잡았다. 같은 시기에 달리기를 시작한 사람들과는 출발선에서부터 체력이 달랐다.

남들 속도를 억지로 따라가진 않기로 했다. 2달이면 끝나는 코스를, 비록 느리더라도 나만의 호흡과 걸음으로 끝까지 가기로 마음먹었다.

느린 진도에도 굳이 지킨 나만의 철칙은 '달린 다음 날은 무조건 쉬기'였다. 근력 운동처럼 달리기도 다음 날 하루 회복이 필요하다는 조언을 굳게 믿었다. 쉼 또한 '운동의 일부'로 받아들였다.

그 여유 있는 리듬이 좋았다. 육아하며 운동 시간을 만들어 내는 것 또한 도전이었기에, '이틀에 한 번'이라는 템포는 마음의 부담까지 확 줄여줬다. 쉼의 날조차도 '내 몸을 회복하는 중'이라는 이유 있는 떳떳한 시간이라 여겼다.

돌이켜보면, '진도를 천천히 나가겠다고 미리 말해둔 것'이 신의 한 수였다. 이미 시작부터 다른 사람들과 같은 진도가 아니라고 생각하니 자연스럽게 남들과 비교하지 않았다. 아마 아이를 낳기 전이었다면, 스스로 무리가 되는 진도를 억지로 몰아붙이다가 압박에 금세 손을 놓았을지도 모른다.

그런데 이번에는 달랐다. 오히려 느리게 간 덕분에 멈추지 않을 수 있었다. 빠르게 간다고 오래가는 건 아님을 깨달으며, 달리기로 인생 또한 깊어졌다.

체력이 바닥이라 좋은 점도 있었다. 작은 변화도 금세 감지됐다. 1분, 2분 이렇게 달렸을 뿐인데도 쉽게 활력이 느껴졌다. 달리기를 시작한 지 3주쯤 되니 손목 통증이 거의 느껴지지 않았다. 출산 후 나를 지겹게 괴롭혔던 통증은, 정형외과, 재활의학과, 한의원을 전전하며 그토록 애써도 떨어지지 않았지만, 결국 달리기로 말끔히 나았다.

임용고시를 준비하던 시절부터 함께해온 반려 통증인 두통은 겨울마다 심해지며 10 정도로 통증이 느껴졌는데, 달리기를 시작하고서는 2~3 정도로 약하게만 느껴졌다.

어릴 적부터 혈액순환이 잘 안 돼서 여름에도 한기를 느낄 정도로 손발이 차가웠다. 너무 당연해서 바뀔 거라고 기대한 적도 없었다. 하지만 어느 날 달리는 데 하루는 왼손 끝부터 시작된 온기가 왼팔 전체를 휘감는 게 느껴졌다. 그동안 어떤 운동을 해도 풀리지 않던 부위였다. 왼손만 따뜻해지며 그대로인

오른손은 대비되어 한결 더 차갑게 느껴지지만, 멈추지 않고 계속 달리면 언젠가 두 손이 모두 따뜻해질 거라는 새로운 희망이 생겼다.

"엄마 손 따뜻해." 그 말을 듣기 위해 왼손만 내어주지 않아도 되는 날이 오지 않을까.

달리기 첫 달, 나는 한 달에 딱 10번만 달렸다. 주말은 쉬고, 다음 날은 하루 회복하며 꼬박꼬박 휴식도 챙겼다. 속도가 빠르지도 거리가 멀지도 않았지만, 그 정도로도 변화는 충분했다.

달리기를 시작하고 한 달 뒤, 둘째의 돌잔치라는 큰 행사를 준비해야 했다. 평소 같으면 이런 큰 행사를 치르고 나면, 분명 몸살로 앓아눕곤 했는데 이번에는 달랐다.

장소를 섭외하고 한복은 친지에게 빌리고 드레스는 중고로 구하며 비용을 아꼈다. 셀프 헤어와 메이크업까지 준비하는 일은 아이 둘을 돌보며 온전히 내 몫이었지만, 그 모든 과정을 마친 날, 나는 10번의 달리기로 쌓인 체력 덕분에 끝까지 웃으며 돌잔치를 즐길 수 있었다.

놀랍게도 겨울 감기 한번 걸리지 않았다. 심지어 겨울이면 콧물을 달고 살던 아이들조차 병원을 거의 가지 않았다. 내가 달리기를 시작한 덕분에 우리 가족의 리듬 자체가 건강하게 바뀌고 있는 듯했다.

내가 건강했더라면 제대로 느끼지 못했을 '달리기의 맛'을 나날이 늘어가는 체력으로 느낄 수 있었다.

체력을 위해 시작한 운동이었건만, 마음마저 건강해지기 시작했다. 아이를 키우며 내 운동 시간을 스스로 만들어가고 있다는 성취감. 아이를 웃으며 바라볼 수 있는 여유도 늘었다.

달리기를 마치고 돌아온 아침, 내 얼굴을 보고 녹이 "영, 기운 있어 보여요"라고 말했다. 나 혼자만의 기분이 아니었다.

그동안의 나는 이런저런 운동을 시도만 하고 포기했던 사람이었지만 이번에는 달랐다. 그리 많이 달리지도 빨리 달리지도 않았건만, 달리기는 신기하게 할 때마다 자존감을 채워줬다. 이런 운동은 처음이었다.

'나는 왜 늘 운동을 하다가 그만두는 걸까' 하는 그런 자기 스스로를 미워하던 마음에서 벗어나게 해줬다. 속도나 거리가 중요한 게 아니었다. 달리기를 시작한 이후 '내가 여전히 달리는 사람으로 남아 있다는 그 사실' 자체만으로 충분한 운동이기 때문이다.

이 운동이라면 내가 평생을 해낼 수 있을지도 모르겠다는 마음이 들었다. 그토록 만나고 싶던 인생 운동을 아이 둘을 낳은 엄마가 되어 비로소 만났다.

그 시작은 고작 1분 달리기였지만, 달리기로 펼쳐진 새로운 삶에 풍덩 뛰어들기엔 충분했다.

자영씨의 팁

런데이 '30분 달리기', 작게 시작해 꾸준히 이어가는 법

체력이 바닥을 쳤을 때, 운동은 무리라고 생각하기 쉬워요. 하지만 오히려 그 시기가 작은 운동만으로도 큰 효과를 느낄 기회가 될 수 있어요. 런데이 앱의 '30분 달리기 프로그램'은 그런 분들께 딱 맞는 방법이에요. 이름만 보면 "처음부터 30분을 뛰어야 하나?" 싶지만, 사실은 아주 작게 시작해서 천천히 늘려가는 구조입니다.

1. 작게 시작하기
- 첫날은 '1분 달리기×5회'예요.
- 다음에는 1분×6회, 그다음엔 1분 30초, 2분… 이런 식으로 천천히 늘어나요.

2. 조금씩 늘려가기
- 달리기 사이사이에 걷는 시간이 있어서 숨이 턱까지 차오르지 않아요.
- "어? 이 정도면 할 수 있네"라는 기분을 계속 느낄 수 있어요.

3. 내 체력에 맞게 조정하기
- 너무 벅차면 같은 회차를 반복해도 괜찮아요.
- 달리기가 신체적으로 무리되는 상황이라면, 달리기 구간을 빠른 걷기로 바꿔도 충분히 효과가 있습니다.

4. 꾸준함이 핵심
- 중요한 건 완벽하게 해내는 게 아니에요.
- 매일 해야 한다고 스스로를 몰아붙이지 않아도 됩니다. 하루 하고, 하루 쉬는 리듬으로도 충분합니다.
- 작은 걸음을 이어가는 것, 그게 결국 30분 달리기로 이어집니다.

Part 2

1분에서 30분으로

07
엄마의 시간을
허락한 새벽

독서 모임에서 들은 이야기가 떠올랐다. 한 풋볼부 주장이 자살을 했다. 그리고 곧 다른 학생들이 뒤따랐다. 미국의 장례식은 망자를 기리고 찬사로 채운다. 죽음 뒤에야 주어진 찬사, 그 찬사를 죽어서라도 받고 싶은 또 다른 아이들이 뒤를 따랐다.

그 정도로 사람은 진심 어린 '인정'을 갈망하는 존재였다.

그 무렵, 나는 새벽 6시의 러닝을 시작했다. 하지만 곧바로 문제를 만났다. 새벽 운동을 마음먹고는 저녁에 아이들과 일찍 잠드니, 아이들도 자연스럽게 일찍 일어나는 리듬이 되었다. 새벽 6시 30분만 되면 아이들도 깨어났다. 아이들이 일찍 자고 일찍 일어나는 건 바람직한 일이지만, 엄마에게는 부작용이었다.

아이들이 일찍 깬 날에는 달린 후 씻지도 못한 채 하루를 시작했다. "얘들아, 엄마 안 씻어서 너무 찝찝하거든. 잠깐 씻고 나와도 될까?" 아직은 그런 말이 통할 나이가 아니었다.

새벽에 일어났어도 나를 위한 시간이 여전히 부족하다는 건 적잖이 충격이었다. 미라클 모닝이라는 말을 들었어도 그건 다른 사람들의 이야기인 줄 알았는데, 내 시간을 조금이라도 갖고 싶은 마음에 기상 시간을 조금씩 앞당겼다.

이렇게 시작된 새벽 시간에는 나만의 작은 의식이 있었다. 일어나자마자 물을 한 잔 마시고, 읽고 싶었던 책을 열어본다. 새벽 5시 즈음 일어나 잠깐이라도 내 시간을 가진 후에 달렸고, 6시도 되기 전에 인증을 남겼다.

내가 특별히 성실하거나 새벽형 인간이라서가 아니라, 아이들이 어려서 가능한 시간이 그랬을 뿐인데 사람들은 "어떻게 그 시간에 운동해요? 대단해요"라며 새벽 요정이라 불렀다.

내 아이를 매일 키우는 건 엄마에게는 당연한 일이라 칭찬도 인정도 없었다. 하지만 달리기를 하고 나서는 꽤 자주 "대단하세요"라는 말을 들었다. 새벽에 운동했다고 남기면 감탄이 따라왔고, 기록을 올리지 않은 날에는 "오늘은 무슨 일 있었어요?"라며 안부를 묻는 이도 생겼다.
그렇게 남들에게 인정받는 재미를 붙이며, 새벽 달리기를 이어갔고 점점 달리기에 익숙해졌다.

그러던 어느 날, 새벽에 비가 내렸다. 속으로 '잘됐다' 싶었다. 오늘 못 뛰는 것은 내 의지가 아닌 날씨 탓이니 건너뛰어야지. 그런데 녹이 말했다. "이 정도 비는 달릴 수 있겠는데요?" 그 말에 창밖을 찬찬히 보니, 보슬비가 살살 내리고 있었다. 옆에서 불을 지펴준 덕분에, 우비도 없이 모자만 달랑 쓰고 나갔다.

빗속을 달리다 보니 어릴 적 기억이 떠올랐다. 친구와 비를 맞으며 깔깔대며 집으로 돌아오던 장면. 그때 느낀 해방감을 오랜만에 다시 만났다. '비가 와도 달릴 수 있구나.' 나는 '비가 와도 강하게 키우는 남편 덕에 달렸어요'라며 인증을 올렸고, 내 글을 보고 빗속에서 달렸다는 인증을 남긴 사람들이 생겼다.

물론 그렇게 짜릿한 날만 있었던 건 아니다. 늘 새벽에 달렸고, 비슷한 시간에 인증했기에 다른 사람들에게는 새벽 운동이 당연하게 보였을 테지만, 달리기 전에는 크고 작은 나와의 싸움이 있었다. 알람이 울려서 눈은 떴지만 그대로 감고 싶은 날이 많았다.

'이 시간에 일어나 한번 달린다고 갑자기 강철 체력이 되는 것도 아닌데…. 꼭 나가야 하나?' 달리지 않을 핑계는 그날에 맞게 어김없이 새롭게 생겨났다. 그 모든 핑계를 뚫고 현관문을 여는 순간이, 늘 가장 힘들었다.

그래서 내 의지보다 '할 수밖에 없는 환경'을 만들기로 했다. 나만큼 체력이 떨어진 동생에게 달리기를 제안했고, 한겨울의 추운 새벽에도 함께 나가자고 했다. 동생도 마침 운동의 필요성을 느꼈는지 함께하겠다고 했다. 약속이 생기니, 나도 동생도 더는 핑계가 통하지 않았다.

그 결심이 빛을 발한 날도 있었다. 둘째가 자다 깨서 울고 잠들었다가 금세 다시 깨어 달래기를 몇 번 했는지 셀 수도 없는 날이었다. 잠을 자긴 했지만 잔 것 같지 않았다. 그날은 달리기를 하루쯤 미루고 싶었다. 왠지 그래도 될 것 같았다.

'동생이 자고 있으면 나도 슬며시 다시 자야지'라며 방문을 열었는데, 동생은 이미 옷을 갈아입고 있었다. 그 모습을 보니 차마 "오늘은 못 뛰겠다"라는 말을 꺼낼 수 없었다. 대신 "금방 준비하고 나올게. 조금만 기다려줘"라고 했다. 그렇게 또 하루를 달렸다. 겨우 나갔던 날들까지 포함해 한 발 또 한 발, 나가게 된 날들이 쌓여갔다.

시간이 흐르면서 변화가 왔다. 계속 새벽에 달리다 보니, 어느 순간 그 시간이 익숙해졌다. 매번 그 시간에 마주치는 얼굴들이 생겼고, 가끔은 동생과도 함께 뛰었다. '새벽 요정'이라는 별명도 생겼고, 나의 새벽을 기다리는 사람들도 생겼다.

혼자였다면 상상조차 못했을 새벽 풍경이 나의 일상이 되었다.

엄마의 새벽 운동이 이어지자, 아이들도 자연스럽게 엄마가 달린다는 사실을 알아채기 시작했다. "엄마 오늘 새벽에 달리고 왔어. 달리고 오니 너무 개운하더라." '개운하다'라는 단어의 뜻도 잘 모르는 아이들에게 달리기 이야기를 들려줬다.

아이들과 함께 뛰는 건 아니더라도, 엄마가 건강해지기 위해 애쓰는 모습을 조금이라도 느끼길 바라서였다.

그러던 어느 날, 아이가 먼저 물었다.
"엄마 또 뛰고 왔어?"
그 한마디가 하루를 웃으며 시작하게 했다. 아이들이 엄마의 달리기를 자연스럽게 받아들이고 있다는 사실이, 내가 아이들에게 물려주는 유산 같았다. 이건 내 기분만은 아니었다.

중고등학생을 대상으로 한 연구에서 부모가 운동 후 긍정적인 모습을 보여줄 때 아이는 운동을 '특별한 일'이 아니라 '삶의 일부'로 받아들이는 경향이 뚜렷하게 나타났다. 그 연구를 읽으며 '아, 이 새벽이 그냥 나만의 시간이 아니구나. 아이들에게도 천천히 스며들고 있구나'라는 확신을 얻었다.

얼마 전 집을 정리하다가 중학생 시절의 일기장을 발견했다. 해야 할 일들을 미루는 16살의 나를 미워하는 말들이 가득했다. 마침 새벽 기상이 흐트러지던 시기였다. 그 일기를 보며 생각했다.

'지금 여기서 새벽을 멈추면, 그때의 나처럼 또다시 나를 미워하게 되지 않을까?' 달리는 이유를 가까스로 가다듬었다.

자존감이 바닥을 치던 시절, 《자존감 수업》을 읽어도 좀처럼 끌어 올려지지 않던 마음이 있었다. 다른 사람이 아무리 "너는 잘하고 있어"라고 말해도 스스로를 믿을 수 없던 내가, 이제는 조금씩 나를 기특해하는 마음으로 채우고 있다.

평생 만나고 싶던 나를 긍정하는 마음. 어렵게 만난 이 마음을 이제는 놓치고 싶지 않다.

아이들이 자라 언젠가 힘든 시간을 마주할 때, 새벽마다 땀 흘리던 엄마를 떠올리며 '엄마도 했으니 나도 할 수 있어'라는 마음이 차곡차곡 쌓이기를 바란다. 죽음 뒤에야 주어지는 찬사를 좇던 아이들의 이야기를 다시 떠올리며, 인정받고 싶은 그 마음이 나 또한 예외가 아님을 생각했다. 하지만 달리기는 그 갈망을 조금 다른 빛으로 바꿔 주었다.

남이 주는 박수에만 기대던 내가 이제는 스스로에게 찬사를 보내며 웃을 수 있게 된 것이다. 내 삶을 붙들어 준 그 힘이 아이들에게도 조용한 빛으로 남기를 바란다.

 **자영찌의 팁**

엄마의 새벽 시간을 지키는 방법 4가지

1. 일찍 잠들기

일찍 자야 일찍 일어납니다.

2. 인증 습관

한 줄 기록, 한 장의 사진으로 나를 칭찬해줄 '작은 커뮤니티'를 만드세요.

3. 함께할 사람 찾기

누군가가 기다리면 나를 위한 약속이 더 단단해집니다.

4. 아이에게 이야기 들려주기

엄마의 숨결이 아이 마음에도 작은 바람처럼 불어옵니다.

08

아이 말고,
나를 위한 첫 목표

"나는 쉬지 않고 30분을 달린다."

매일 아침 눈뜨자마자 이 문장을 적고 소리 내어 읽었다. 처음엔 누가 지켜보는 것도 아닌 데, 이 말을 내뱉는 게 민망했다.

교육자로서 '자기충족적 예언' 다른 말로 피그말리온 효과의 힘을 잘 알고 있었지만, 막상 나 스스로 해본 적이 없었다. 그래서 어떻게 해야 할지 막막했다.

확언은 이루고 싶은 일이 이미 이루어졌다고 믿으며 문장을 쓰고, 소리 내어 읽고, 인증하는 방식이었다. "자영 님, 확언은 부정어보다 긍정어로 하면 좋아요"라는 조언을 받을 만큼 무지했지만, 이상하게도 소리 내어 말한 날은 꼭 운동화를 신고 현관문을 나서게 됐다.

손에 쥔 문장이 하루 종일 따라다니며 귀찮게 굴었고, 나를 달리게 했다. 확언은 허황된 주문이 아니라, 현실을 조금씩 바꾸는 힘이었다.

목표는 단순했다. 30분을 쉬지 않고 달리는 것.

아이 둘을 키우는 엄마로서 가슴 뛰는 목표가 생겼다. 대학 입학, 임용고시 합격처럼 누가 정해준 큰 문턱만 넘어왔던 내가, 누가 확인하거나 평가하지도 않는, 아마도 처음으로 '나를 위해' 세운 큰 목표였다.

처음엔 1분 달리기도 버거웠다. 그런데도 달리기를 택한 이유는 분명했다. 특별한 장비나 장소, 약속이 필요 없었고, 마음만 먹으면 언제든 나갈 수 있었다. 엄마가 된 후 '나를 위한 시간'은 늘 누군가의 허락을 받아야 했지만, 달리기만큼은 아니었다.

그건 단순한 운동이 아니라, 아이를 키우면서도 동시에 '나'를 찾아갈 수 있는 빛이었다.

돌이켜보면 나는 꽤 목표지향적인 사람이었다. 동시에 전력을 다하기 전까지 예열이 긴 사람이기도 했다. 외고 진학 이후 방황하다 고3을 앞두고서야 공부에 매달렸고, 초등 임용고시도 한 번 떨어진 후에야 하루 15시간씩 공부하는 시간표를 실천했다. 어릴 적부터 배우고 싶던 악기도 대학생이 되어서야 해금을 시작해, 밥 먹는 시간도 아껴가며 연습했다.

운동도 그랬다. 수영, 검도, 발레, 필라테스, 테니스 등 여러 종목을 했지만 오래가지 못했다. 운동에 정을 붙여보려 애쓴 시간을 합치니 20년이 넘는다. 모든 운동이 즐거웠지만, 이상하게 지속할 수는 없었다. 특히 녹이 빠져 있는 테니스는 실력이 붙기도 전에 첫째가 태어났고, 둘째를 낳은 후에는 손목터널증후군으로 그만두었다.

'나는 이 운동마저도 끝까지 못하는구나'라는 자책이 깊어질 무렵, 달리기를 만났다. 그건 구원이었다.

1분의 달리기가 5분이 되고, 10분이 되었다. 흩어져 있던 조각이 하나로 모이듯, 짧은 달리기들이 이어져 30분을 향해 가고 있었다.

나는 믿게 되었다. '나도 운동을 끝까지 꾸준히 할 수 있는 사람이구나.'

아직 목표를 이루지 못했을 때조차, 마음 한편에 나를 위한 무언가를 품고 있다는 사실만으로 아이에게 짜증을 덜 냈다. 피곤에 지쳐 아이와 함께 잠드는 날에도 내가 온전히 사라지지 않은 듯한 기분이 들었다. 그 감각은 오래 잊고 있던 것이었다.

하나의 목표가 일상을 다르게 만들고 있었다. 아이들 외엔 말할 사람이 없던 날에도, 그 목표 덕분에 덜 외로웠다.

아이들을 가르치며 깨달은 게 있다. 스스로를 믿는 아이는 모르는 게 있어도 기죽지 않는다. 영어 수업 중 한 아이가 쉬운 문장을 연달아 틀렸지만, 잠시 멋쩍게 웃고는 곧바로 "선생님, 이거 왜 이래요?"라고 묻는다. 그 당당함은 공부에서든, 친구 사이에서든 흔들림 없는 힘이 된다.

그래서 아이가 모르는 단어나 문장을 틀리면 다른 아이들 앞에서 기가 죽을까 걱정돼 학원을 보내는 것보다, 더 필요한 건 '이 정도는 몰라도 나는 결국 해낼 수 있는 사람'이라는 믿음이다. 세상은 끊임없이 변하고, 장담할 수 있는 건 점점 줄어든다. 모든 지식을 미리 배우고 대비하는 것보다 중요한 건 바로 자기 확신이다.

우리 가족에게 그 힘은 엄마의 달리기, 즉 체력에서 시작됐다.

달리기가 내 안에 키운 것도 바로 그 확신이었다. 그 믿음은 확언이라는 형태로 가족에게 번졌다. 어느 날, 키 작은 첫째에게 말했다.

"골고루 먹고, 몸과 마음이 튼튼하게 자라고 있어. 고마워."

뜬금없는 말이었지만, 아이는 잠결이라 그런 건지는 몰라도 잠시 나를 바라보다 쑥스러운 듯 웃으며 두 팔을 벌려 엄마를 꼭 안아주었다. 매일 반복하는 짧은 확언이, 나에게서 아이로, 조용히 스며들고 있었다.

 **자영씨의 팁**

확언의 힘으로 30분 달리기 성공하기

1. 아침에 눈 뜨자마자 확언하기

   예 "나는 30분을 달린다."

2. 짧은 달리기가 모여 30분 달리기가 될 것을 믿기

3. 확언은 부정이 아닌 긍정으로 쓰기

   예 "나는 주 3회 달리기를 빠지지 않는다." (X)

   예 "나는 주 3회 달리기를 즐겁게 이어간다." (O)

이렇게 확언을 반복하다 보면, 어느 날 '30분 달리기'가 내 앞에 와 있을 거예요.

09
엄마에게는
새벽 운동도 사치인가요

"지금 5시예요. 일어나요."

　우리 집은 알람 소리보다 먼저 서로의 기척에 잠이 깨고, 뒤늦게 울린 알람 진동에 아이들이 깰까 봐 황급히 알람을 끈 뒤 살금살금 움직이며 새벽을 시작한다. 한 명은 테니스 라켓을 챙기고, 다른 한 명은 러닝화를 신으며 이 새벽을 어떻게 나눌지 은근한 신경전을 벌인다.

처음엔 새벽 테니스를 하는 녹이 이 시간의 주인이었다. 나는 달릴 때도 아이들 상태를 살피며 틈을 노렸다. 달리고 돌아왔을 때 집이 괜찮아야 하기에, 나가기 전에 꼭 설거지를 마쳤다. 미래의 나를 챙기는 언니처럼 귀찮음을 참고 해두는 일이다. 그렇게 하면 미래의 나인 내 동생이 숨 가쁘게 돌아와서도 고마워할 테니까.

엄마의 달리기는 그렇게 집과 마음을 다독이며, 동시에 무언가를 양보하는 선택의 연속이었다.

"나는 항상 녹의 운동 시간을 보장해 줬는데, 왜 내 운동은 보장받지 못하는 거죠?" 맴돌던 질문이 처음 입 밖으로 튀어나왔다. 그간의 고민 깊이를 알아차린 건지는 몰라도, 녹은 곧바로 미안하다고 했다. 그리고 제안했다.

"그럼 요일을 나눠서 해요. 하루씩 번갈아서."

월·수·금은 내가 러닝을, 화·목·토는 녹이 테니스를 하기로 했다. 일요일은 서로 눈치를 보며 선착순으로 정했다. 그렇게 새벽 운동의 주인이 요일마다 바뀌면서, 나는 아이들 눈치, 집안일 눈치, 남편 눈치까지 덜고 나만의 러닝을 시작할 수 있었다.

하지만 요일제는 오래가지 못했다. 일하고 와서 지친 모습을 보다 보면 '오늘은 녹이 운동할래요?'라며 새벽을 양보하게 되었고, 나는 아이들의 기상 시간을 피해 5분, 10분 짧게 달리고 집을 지키는 얄궂은 엄마의 시간을 반복하고야 말았다.

누가 시킨 것도 아닌데 왜 엄마는 자기 시간을 갖는 게 늘 미안한 걸까. 그 마음의 뿌리는 어디서부터 시작된 건지도 모를 정도로 깊고도 질기다. 그래도 나는 안다. 그 부조리함을 자각하고 있다는 것만으로도 이미 엄마를 돌보는 중이라는 것을.

달리기를 쉰 지 6일째 되던 날. 숨은 쉬고 있지만, 답답했다. 오랜만에 달리고 싶다고 한 내 말을 기억한 녹이, 새벽 4시 50분쯤 내 어깨를 조심스럽게 두드렸다. 깨워준 고마움보다 짜증이 먼저 올라왔지만, 한동안 아이들이 계속 일찍 깨어나던 때라 그 시간이 아니면 달릴 수 없었다.

혹시 아이들이 달리는 중에 깰까 걱정됐지만, 며칠 동안 달리지 못한 갈증이 더 컸다. 잠깐의 시간을 빌리는 마음으로 얼른 준비해 새벽 5시쯤 집을 나섰다. 오랜만의 달리기는 유독 상쾌했고, 운동 뒤 들이마시는 새벽의 차가운 공기와 힘차게 움직이는 다리의 존재감을 새삼 느꼈다.

집에 돌아오니 현관에서 첫째가 벌써 깨어 울며 나를 불렀다.

"엄마 오랜만에 달리고 왔는데, 깬 지 오래됐어?"

아직 시계를 볼 줄 모르는 아이가 손가락 여섯 개를 펴 보인다. 그만큼 오래 기다렸다는 뜻인 듯했다. 시계를 보니, 새벽 6시도 되기 전이었다. 아이를 안아 달래고 간식을 챙겨 준 뒤, 부랴부랴 씻었다. 곧 둘째가 깨어 함께 놀아주고, 아침 식사와 출근 준비를 이어갔다. 그 시간에도 녹은 여전히 운동 중이었다.

그 장면은 엄마의 새벽 운동이 얼마나 쉽지 않은지를 고스란히 보여주고 있었다. 그래도 억울함보다 하루를 달리기로 시작하며 나를 돌봤다는 사실을 오래 간직하기로 했다.

새벽 운동은 각자의 종목을 해도 부부의 공동 프로젝트가 됐다. 우리는 운동 시간을 지켜내기 위해 매번 작은 전투를 치렀다. 결혼 전, 아니 아이를 낳기 전에는 상상하지 못했던 삶이었다.

"일하면서 아이 둘 키우는 거 힘들지 않으세요?"

결혼을 꿈꾸지만 막상 결혼 후의 삶이 두려운 지인의 물음이었다. 질문에 이미 포함된 예상된 결론과는 조금 다른 대답을 했다.

"제가 가치 있게 여긴 건 언제나 힘들게 노력해서 얻은 것들이었어요. 결혼도, 육아도 때로는 버겁지만⋯ 지금처럼 살아 있는 게 감사하다고 느낀 적은 없어요."

내 대답이 뜻밖이었는지, 질문을 한 이의 눈동자가 커졌지만 옅게 미소가 번졌다. 정말 그랬으니까. 몸이 편했던 결혼 전보다 지금 훨씬 내 인생을 사랑하게 되었다. 한때는 나 또한 결혼과 육아가 두려웠지만, 확신을 담아 대답했다.

아이들이 언제 깰지 모르는 조마조마한 새벽, 운동하며 내 안에 깊이 묻혀 있던 마음이 불쑥 고개를 들었다. 한 번 모습을 드러내자, 흙 속 감자 줄기처럼 서로 이어져 줄줄이 올라왔다. 녹도 마찬가지였다. 아무리 테니스를 좋아해도 예전 같으면 새벽에 코트를 찾지 않았을 사람.

지금 우리는 하루의 틈을 쪼개 운동 시간을 만들고, 서로의 시간을 지켜주고 있다.

나도, 녹도 길게 운동할 수 없어 틈틈이 시간을 내어 할 뿐이다. 녹은 아직 한 번도 테니스 대회에 나가지 못했고, 나는 밝은 낮에 길게 달리는 게 작은 소망이 되었다. 하지만 이렇게 모인 우리 운동의 조각들이 언젠가는 세상에 없던 멋진 작품이 될 것이다.

그 속에는 새벽 공기의 차가움, 잠든 아이들 곁을 살짝 벗어나던 발걸음, 서로의 시간을 양보하며 만들어 낸 순간들이 고스란히 담길 것이다. 그게 바로 아이를 돌보면서도 부모의 삶 또한 지켜낸 기록이다.

 **자영찌의 팁**

엄마가 새벽 운동을 지켜내는 법

1. 운동 시간 '협상'하기

- 배우자와 요일을 나누거나 규칙을 정해, 서로의 운동 시간을 지켜주세요. 엄마의 시간도 당연히 보장받아야 합니다.

2. 짧아도 실행하기

아이가 깨기 전 5분, 10분이라도 달리면 마음이 달라집니다. 길게 못한다고 포기하지 말고, 짧은 조각이라도 이어가세요.

3. 미리 집안일 정리하기

나가기 전 설거지나 간단한 준비를 해두면, 돌아와서도 마음이 편합니다. 미래의 나를 위한 작은 배려가 운동을 지속하게 합니다.

4. '엄마의 시간'에 당당해지기

나를 돌보는 시간은 가족을 위해서도 꼭 필요합니다. 미안함 대신, 운동하는 엄마의 모습을 보여주는 것은 아이들에게 큰 배움이 됩니다.

10
함께 뛰는 시간을 위한 남편의 휴직

결혼을 앞두고 한 직장 선배가 해준 말이 있었다.

"가족 중에서 유일하게 선택할 수 있는 사람은 남편뿐이야."

부모도 아이도 내가 선택할 수 없다. 오직 남편만이 스스로 고른 가족이다. 결혼 5년 차, 두 아이를 키우는 내게 다시 묻는다.

"그 유일한 선택에 정말 후회는 없어?"

첫 아이를 키우며 설렘과 자책이 교차했다. 아이가 원하는 것을 알아채지 못해 안아도, 젖을 물려도 달래지지 않던 울음의 시간을 지나며, 아이와 나 사이에는 점점 애착이 단단하게 쌓여갔다. 하지만 녹은 긴 출퇴근 시간은 둘째치고, 내가 사기 결혼이라고 부를 정도로 결혼 전 여유 있던 곳에서 일이 바쁜 곳으로 근무지를 이동하며 집에 있는 시간이 줄어들었다.

나와 녹의 의지와는 상관없이 자연스레 아이의 울음을 달래는 것은 오롯이 엄마의 몫이 되어갔고, 아빠는 육아에서 점점 멀어져갔다. 나와 아이 사이의 애착이 자라나는 만큼, 이 모든 무게를 나 홀로 감당해야 한다는 사실은 마음을 무겁게 짓눌렀다.

초등교사로 일하면서 인상적인 부모님들을 만날 때가 있다. 학부모 상담이나 학부모 공개수업을 할 때 아빠가 오는 경우가 그렇다. 한 아빠는 6학년 영어 공개수업 참관을 신청해서 보러 오셨다. 초등 고학년 아이의, 그것도 담임 선생님이 아닌, 다른 과목을 시간 내어 보러 아빠가 오는 일은 드문 일이다. 그 아빠는 교사인 나 대신, 아이와 아이 친구들의 모습을 집중해서 바라보는 게 느껴졌다.

    그날 이후, 그 아이를 볼 때마다 마음속 깊숙이 단단히 자리한 자기애가 느껴졌다. 교사인 나와, 친구들과 의견이 달라도 웃으며 당당하게 표현하는 아이였다. 한 아이의 자존감을 단 하나의 요소만으로 설명할 수는 없겠지만, 아빠의 애정 어린 관심이 자존감의 큰 축을 이루는 데 도움이 되었을 것은 분명했다. 그렇게 교육자로 있으면서, 아이를 키우는 일은 한쪽의 몫만이 아니라 함께할 때 더 단단해진다는 것을 자연스럽게 받아들여 왔다.

    하지만 나의 이상과 우리 집 실상은 괴리가 점점 커져갔다. 순간, 머릿속에만 있던 '아빠의 육아휴직'을 실행하기로 결심했다.

    아이와 함께하는 시간, 진해지는 애착 같은 것은 눈에 보이지 않지만, 소득이 반 이상 뚝 떨어지는 것은 눈에 확 보인다는 사실. 육아휴직을 하면 회사에서 불이익을 받지 않을까 하는 두려움, 엄마가 아이를 키울 수 있는데 남자가 일을 쉬는 것에 대해 시댁이나 주변에서 바라볼 시선까지. 엄마가 자연스럽게 했던 육아휴직을 아빠가 할 때는 고민이 따라오는 게 현실이었지만, 아이들을 키우며 이 시기를 떠올릴 때 후회하지 않을 선택을 해야 했다.

아빠의 육아휴직에 대해 나와 생각이 일치한 녹은 1년 전부터 회사에 "육아휴직 할 거예요"라고 자연스럽게 예고했다. 그래서였을까. 회사에서는 휴직을 생각보다 당연하게 받아들였고, 시댁에 말을 꺼냈을 때도 의외로 반응이 담담했다. "그래? 언제부터 할 건데?"라는 질문이 전부였다.

녹은 육아휴직을 신청하고, 반대로 나는 복직 신청을 했다. 가족이라는 퍼즐 속, 아빠의 육아 참여라는 조각을 맞춰갔다.

녹이 휴직하며 아이들을 등원시키고, 반대로 내가 출근하던 첫날. 아이들은 담담했지만, 나만 어색했다. 며칠은 아무렇지 않던 첫째가 어느 날 내 가랑이를 붙잡았다. "엄마 가지 마." 그 순간, 녹이 말했다. "엄마가 돈을 벌어야 너 좋아하는 과일도 먹을 수 있어." 묘하게 납득한 아이는 손을 놓으며 "엄마 돈 많이 벌어 와"라고 했다.

등하원을 맡은 건 녹이었지만, 어린이집 연락은 여전히 나에게 왔고 엄마만이 아는 집안일과 아이와의 관계는 남아있었다. 그래도 시간이 지나며 엄마의 일이 아빠의 손에도 익어갔고, 녹은 육아를 더 깊이 이해하기 시작했다.

어느 날 녹이 솔직 고백을 했다.
"아이들이 말을 안 듣는 게 당연한데, 영이 왜 그렇게 예민하게 반응하는지 육아휴직 전에는 솔직히 이해가 안 갔어요."
나는 그 말보다도, 그렇게 생각하는지 전혀 몰랐던 나의 눈치 없음에 더 충격을 받았다.

겉으로는 평온해 보이는 아침 일과. 입 짧은 아이 둘과 씨름하며 밥을 먹이고 양치를 시키고 옷을 입혀 등원하는 이 일을 녹이 막상 직접 해보니, 아이들이 말을 듣지 않으면 그 사소한 것 하나하나가 얼마나 고통스러운지 체감하게 됐다며 이제 그간의 내 모습들을 다 이해한다고 말했다.

"나는 이제 육아휴직을 안 해 본 아빠들이랑은 말을 안 섞을 거예요."

농담처럼 던진 이 말에는 진심이 담겨 있었다. 세상의 모든 일이 그렇듯, 육아 또한 겪어보지 않으면 정말로 알 수는 없다. 옷을 다 입혔는데 "쉬야하고 싶어"라고 하면 다시 벗겨야 했고, 밥을 먹이다 흘리면 씻기고 갈아입히고. 반복되는 이런 일상은 단순한 육체노동을 넘어선, 끊임없이 인내를 요구했다.

주말마다 잘 놀아주는 늘 좋은 아빠였던 녹은, 늘 좋지만은 않은 엄마를 이해하기 시작했다. 집안일 또한 마찬가지였다. 눈에 보이는 큰 것만 해도 하루 반나절이 걸리고, '쉴 새 없이 해야 이 정도가 되는구나'라는 것을 직접 체감하며 깨달았다. 그렇게 녹은 육아에 함께 풍덩 빠져들어 그 물살에 휘말리며, 엄마의 고단함과 복잡한 마음을 아는 데서 이해로 나아갔다.

가정 안에서는 엄마와 아빠의 이해가 깊어졌지만, 정작 밖에서는 엄마가 아닌 아빠가 아이들을 데리고 다니는 모습이 여전히 낯설었다. 어린이집 선생님들도 녹과는 살짝 어색하게 인사했고, 누군가는 "저 집은 엄마가 어딨는 거지?"라는 의문을 품고 바라보기도 했다. 그 말에 나도 모르게 움찔하며 변명해야 했다.

"남편이 육아휴직 중이라서요."

집에 돌아와 생각했다. 다음에 같은 질문을 받는다면, 변명하지 말아야지. 우리가 만든 이 선택은 누구에게도 설명하거나 허락받을 필요가 없는 삶의 방식이니까.

내가 애정하는 《마녀 체력》의 이영미 작가님조차도 말했다. 아이가 어릴 때는 너무 힘들어서 그 시기 자체가 뿌옇게 흐려져 있었다고.

그 시기를 현재진행형으로 통과하고 있는 나는 약골임에도 자신을 잃지 않기 위해 체력을 쌓고, 아이를 돌보며 '엄마'라는 존재까지 함께 돌보기 위해 달린다. 그리고 나처럼 체력이 약해, 엄마만 남고 자신이 희미해진 얼굴들에게 나를 되찾은 이야기를 건네고 있다.

친정과 시댁의 도움 없이, 녹과 둘이 맞벌이를 하며 아이들과의 시간을 지켜내는 건 사투에 가까운 일상이었다. 그 와중에 '엄마의 운동'을 지키는 일은 엄마 혼자의 의지만으로는 불가능했고, 그 시간의 중심엔 단연 남편의 육아휴직이 있었다. '언젠가'라는 말로 미루지 않았다. 지금이야말로 가장 젊고 건강한 순간이었기 때문이다.

하루라도 젊고 건강할 때, 아이들과 함께하는 시간을 늘리고, 녹의 육아력도 키우고 싶었다. 그리고 엄마여도 나라는 사람의 시간도 깊어지고 싶은 사심 역시 있었다.

우리 부부는 '엄마 혼자 애쓰는 육아'가 아니라 '아빠도 함께 아이를 키우고, 부모인 우리도 함께 자라는 시간'을 선택했다. 그리고 나는 드디어, 엄마가 아닌 내 이름을 되찾기 시작했다.

그 시간 덕분에 나는 30분을 쉬지 않고 달리는 나를 향해 조금 더 떳떳하게 나아갔다. 아이들 곁에 아빠가 함께 있어 준 덕분에, 나는 더는 허락받아야만 존재하던 인간이 아닌, 나를 위해 존재하는 인간으로 돌아갔다.

달리며 점점 숨이 차오를 때마다, 그동안 쌓인 답답한 마음도 함께 토해냈다. 인생도, 결혼도 한마디로 설명할 수는 없지만, 깊게 숨을 내쉬며 한가지는 분명히 말할 수 있다.

"자영아. 너의 그 유일한 선택을 참 잘한 것 맞아."

자영씨의 팁

남편 육아휴직 실전 팁

1. 예고형 선언으로 준비시키기

회사에는 최소 6개월~1년 전부터 "육아휴직 할 거예요"라고 반복적으로 말해두면 조직도 자연스럽게 받아들입니다.

2. 소득 절벽을 건강자산으로 전환하기

육아휴직 기간을 부부가 각자의 운동과 건강 관리에 투자하는 시기로 삼아 보세요. 영국 연구에 따르면 야외 운동의 건강 효과는 연간 약 1,900만 원의 가치에 달합니다.

3. 육아를 직접 경험하면 이해가 깊어진다

아빠의 육아휴직은 단순한 '엄마 돕기'가 아니라, 아이와의 애착 형성, 집안일과 육아의 고단함을 몸으로 이해하는 기회가 됩니다. 실제로 남편은 육아휴직을 마친 뒤 "군대와 육아 중 고르라면, 잠시 망설이다가 군대를 택하겠다"라고 말했습니다. 그만큼 육아는 해보기 전에는 상상하기 힘든 고됨이자, 해보아야만 알 수 있는 세계입니다.

달라지기에 충분했던 30분

다리 밑을 가득 채운 불빛이 잔물결에 흔들리며 시냇물 위에 금빛 길을 그렸다. 마치 파리의 세느강 유람선에서 보았던 풍경이 이곳으로 옮겨온 듯했다. 물비린내와 흙냄새가 섞인 시냇가의 바람이 몸 깊숙이 스며들었다. 고요 속에서 오직 발걸음 소리와 숨소리만이 박자를 맞췄.

그 황홀한 풍경을 나 홀로 즐길 수 있다는 게 새벽 달리기의 특권이었다.

그곳에 닿기까지 나만의 속도로 달려왔다. 동료들이 차례로 30분 달리기를 완주하는 동안에도 여전히 이미 했던 진도가 필요하다고 여겨지면 반복했다. 그날은 3분씩 6번, 총 18분에 도전했다. 달리는 시간이 늘어나 평소보다 멀리 나아갔고, 그 끝에서 이런 장면을 마주했다.

그러나 반짝이는 풍경에 취해 아주 잠깐 마음이 들떠 속도를 높였을 뿐인데, 몸은 곧바로 '천천히' 가라고 신호를 보냈다.

그때 알았다. 30분을 달리려면 달리기만으로는 부족하다는 걸. 달리기를 잘하고 싶어서 몸을 만들 결심을 했다. 하루 한 끼만 탄수화물을 포함하고, 아침저녁은 단백질과 채소 위주의 식사를 했다. 매일 식탁에 오르는 파프리카는 아이들도 함께 먹으며 가족의 식탁 풍경까지 달라졌다.

엄마가 탁구를 잘하고 싶어서 근력 운동을 하는 걸 보면서도 나는 따라 하지 않았었다. 하지만 그 모습이 내 안에 씨앗처럼 심겨져, 이렇게 싹을 틔웠다. 그리고 지금 내가 하는 운동

역시 우리 아이들의 마음속에도 심기고 있을지도 모르는 일이다. 대나무가 5년 동안을 땅속에서 보내고 나서야, 눈부시게 위로 자라듯이.

한 번에 달리는 시간이 7분, 10분으로 점점 늘었다. 어느 날은 무리가 되었는지 배가 아팠고, 어떤 날은 숨이 턱까지 차올랐다. 그런 날에는 걷기 구간에서 숨을 고르며 다시 달렸다. 금세 괜찮아졌지만, 꾸준히 노력해도 저질 체력에 머무는 것 같아 씁쓸했다. 하지만 서서히 좋아지고 있으리라 애써 믿었다.

달리는 시간이 길어지면서 그동안에 없던 잡생각도 많아졌다. 그래도 달리기는 한번 밖으로 나가서 시작하면 중간에 멈추지 않고 하게 되는 것과는 달리, 근력 홈트는 지속이 더 힘들었다. 운동을 멈추고 할 다른 일들이 자꾸만 떠올랐다.
그렇게 달리기, 식단, 근력 운동이 매끄럽지 않은 날까지도 계속 쌓여, 30분을 쉬지 않고 달리는 날을 맞았다.

그날의 공기를 기억한다. 꼬질꼬질해진 잿빛 러닝화, 3월의 여전히 차갑지만 달린 후 땀을 식혀주기 딱 알맞은 새벽 공기, 평소처럼 오가는 이가 거의 없는 고요한 길까지.

　1분만 달리고 와도 밤마다 기절하듯 쓰러져 잠들던 내가 이제는 30분을 거뜬히 달리는 사람이 되었다.

"저요, 오늘 쉬지 않고 30분을 달렸어요."

　이른 새벽, 묻지도 않은 사람들에게 말을 걸고 싶은 충동이 일었다. 새벽 어스름에 묻혀 잇몸까지 훤히 드러낸 웃음이 살짝 숨겨져 다행이었다.

　그날 이후 책 대신 몸으로 터득한 인생의 진리를 알게 되었다. 어떤 목표든 처음에는 작은 것부터 시작하면 된다는 것. 꾸준히, 천천히, 멈추지 않고 나아가면 결국 이룰 수 있다는 것을 말이다.

　어릴 적 문제집의 앞면만 풀고 끝까지 풀지 못했던, 악기도 시작만 하고 끝까지 다다르지 못했던 나였지만, 이번에는 달랐다. 끈기없던 내가 끈기를 이겼다. 그리고 그 사실 만으로 한

때는 세상을 쉽게 놓고 싶었던, 내 삶을 엄마가 된 이후에 조금씩 사랑하게 되었다.

 **자영찌의 팁**

30분을 달리는 생활 습관

1. 1분부터 시작하기
처음엔 단 1분이라도 달려보세요. 꾸준히 늘리다 보면 어느새 30분을 달리고 있는 자신을 보게 됩니다.

2. 탄수화물은 하루 한 끼
아침과 저녁은 단백질과 채소 위주로 가볍게, 점심은 탄수화물로 채우세요. 이 식단은 1~2개월만 집중적으로 한 뒤, 이후에는 일반식을 추천합니다.

3. 욕심 대신 꾸준함
목표는 '더 빨리, 더 많이'가 아니라 '꾸준히'입니다.

4. 매일의 확언
"나는 해낼 수 있다"라는 말을 매일 반복하세요. 몸과 마음이 그 말에 맞춰 움직입니다.

5. 스스로 칭찬하기
잘한 날은 절대 당연한 게 아닙니다. 자신을 아낌없이 칭찬하세요.

윗몸일으키기 3등급에도 멈추지 않는 마음

30분 달리기를 해냈다. 그런데 아이러니하게도 목표를 이룬 기쁨과 동시에 달리기의 동력이 뚝 끊겼다. 다음 코스인 '50분 달리기'는 아이들과의 하루를 열기 전, 체력과 시간을 그만큼 쏟아붓기에는 현실적인 부담이 컸다.

'이제는 매번 30분 이상을 달려야만 진짜 달리기가 아닐까?' 그런 고정관념이 나를 옭아맸다. 거룩한 성공의 기록이 오히려 나를 가뒀다.

그 무게에 눌려 러닝화를 쳐다보기조차 싫은 날도 있었

다. 하필 그 시기에는 러닝크루 활동도 잠시 쉬게 되어, 함께 달리던 동료들이 있다가 사라지니 동기부여가 더 떨어졌다.

'나의 달리기는 여기서 멈추는 걸까?'

스스로를 설득했다. 매번 30분을 달리지 않아도 괜찮다고. 그날의 상황에 따라 맞춰 달리면 된다고.

'그래도 명색이 30분 달리기 성공자이니, 일주일에 한 번 정도만 30분을 채워보자.' 최소한의 양심적인 목표를 세웠다. 그렇게 애써 궁둥이를 새벽으로 밀어 넣었다.

그 무렵 복직했다. 3년의 육아휴직을 마치고 돌아간 학교로의 복귀가 새로운 마라톤의 시작 같았다. 일을 시작했다고 달리기를 멈추면, 나를 잃었던 그 시절로 돌아갈까 봐 두려웠다.

손목터널증후군에 시달리며, 일상생활을 하는 것도 힘겨워하던 그 체력으로, 오직 아이에게만 집중했지만 오히려 그마저도 제대로 못 하는 것만 같던 시절로 아니, 모든 일에 다다르지 못하고 도돌이표처럼 돌아가던 그런 순간들로 돌아갈까 봐 말이다.

다행히 녹이 육아휴직의 바통을 이어받아 함께 아침 등원 준비를 했고, 나는 그 틈을 타 출근 전 달리기를 이어갈 수 있었다. 일과 육아 그리고 달리기의 세 마리의 토끼를 동시에 잡는 욕심을 부렸다.

그러던 어느 날, 몸에서 반갑지 않지만 동시에 익숙한 신호가 느껴졌다. 목이 칼칼하고 몸은 으슬으슬했다.

교사로 일하며 가장 먼저 탈이 나는 부위는 말을 많이 하는 직업 특성상 늘 목이었다. 목이 보낸 신호를 시작으로 감기 몸살이 온 듯해서 운동을 쉬려던 찰나, 동네 친구에게 새벽 5시에 연락이 왔다.

"언니, 오늘 같이 뛸래?"

급 새벽 달리기라니. 이런 연락은 처음이라 반가운 나머지 아프다는 생각도 잊고, 바로 답장을 했다.

"응, 그래. 지금 바로 나갈게."

감기몸살이니 끝까지 못 달릴 거라 생각했다. 그런데 천천히 한발씩 내딛다 보니 몸이 풀렸다. 무려 38분을 달렸다. 더 놀라운 건, 하루 종일 상쾌했다는 사실이었다. '내가 괜히 엄살을 부렸나? 그동안 감기 때문에 운동을 멈췄던 순간들이 게으름이었던 걸까?'

그날 깨달았다. 그동안 나를 멈추게 만든 건 내 몸이 아니라 내 안의 두려움이었다는 것을. 나는 생각보다 강했고, 단단한 체력을 이미 쌓아 왔음을.

조금씩 체력에 자신감이 붙자, '국민 체력 인증센터'에 체력 측정을 신청했다. 국민 체력 인증센터는 만 13세 이상이면 누구나 무료로 이용할 수 있는 국가 운영 기관으로, 악력·유연성·심폐지구력·근력·순발력 등을 측정하고 맞춤 운동 처방을 해준다. 말하자면 '내 몸의 성적표'를 받는 곳이다.

꾸준히 운동했으니 내 체력이 어느 정도일까? 호기심 반, 기대 반이었다.

김칫국을 사발째 들이켰다. 너무 체력이 좋게 나오면 어쩌지. 달리기뿐 아니라 짧은 홈트도 하고 있으니 최소 2등급은 나오겠지? 마음만은 이미 체육인이었다. 충무아트홀 뒤편, 뮤지컬을 보기 위해서만 찾던 곳에 체력 검사를 받는 공간이 있었다.

간단한 설문과 혈압 측정을 거친 후, 본격적인 테스트가 시작됐다. 심폐 지구력 측정 방법은 트레드밀 달리기와 스텝 검사 중에 선택이 가능했는데, 이래 봬도 30분 달리기를 성공한 러너이니 트레드밀 달리기를 했다.

트레드밀에서 끝까지 힘차게 달리는 스스로가 좀 멋졌다. 하지만 곧 이어진 윗몸일으키기에서는 배에 힘이 빠져 마지막 몇 개는 추하다 여길 정도로 몸을 덜덜 떨며 겨우 올렸다. 자세가 틀어져 인정받지 못한 횟수도 꽤 있었다.

측정을 마치고 상담이 시작됐다.

"심폐 지구력과 근력은 1등급입니다." 순간, 속으로 쾌재를 불렀다. 그런데 이내 덧붙인 말에, 내가 잘못 들은 건가 싶었다.

"근지구력, 즉 윗몸일으키기는 등급이 나오지 않았어요."

등급조차 받지 못할 만큼 근력이 낮다는 뜻이었다. 심폐 지구력은 달리기를 통해 눈에 띄게 좋아졌지만, 근지구력은 여전히 갈 길이 멀었다. 그 순간에서야 잊고 있던 사실이 떠올랐다.

나는 원래 약골이었다는 걸.

그래도 감사했다. 내 몸의 현실을 직면했으니까. 30분 달리기 이후 흔들리던 내게 새롭게 도달해야 목표가 생겼다. '평균 체력을 위한 첫걸음. 윗몸일으키기 3등급 되기' 하루 5개라도 윗몸일으키기를 하며, 달리기를 조금씩 늘려갔듯이 배의 힘도 천천히 쌓아가기로 했다.

멈추지 않는 마음이란, 이렇게 계속 방향을 찾아 나아가는 것이니까.

자영찌의 팁

목표 달성 후 사라진 목표에 대처하는 방법

1. 목표 유연하게 조정하기

　항상 최고 기록을 유지하려는 부담을 내려놓고, 그날의 컨디션에 맞게 거리나 시간을 조절하세요.

2. 최소 목표 설정하기

　일주일에 한 번 30분 달리기처럼 양심이 허락하는 최소 기준을 정하면 멈추지 않고 이어갈 수 있습니다.

3. 함께 달릴 동료 찾기

　혼자 하기 힘든 날엔 함께할 사람의 존재가 최고의 동기 부여가 됩니다.

국민 체력 인증센터 100% 활용법

1. 무료 체력 측정 예약

　만 13세 이상이면 누구나 무료 이용 가능해요. 온라인 예약은 필수입니다.

2. 종합 체력 진단

　종합 체력 진단(악력, 유연성, 심폐지구력, 근력, 순발력)을 통해 '내 몸의 성적표'를 확인하고, 그 결과에 따른 맞춤 운동 처방을 받을 수 있어요.

3. 체력 변화 기록하기

　6개월~1년에 한 번씩 재측정해 운동 효과를 확인하고, 다음 목표를 세우는 지표로 활용하세요.

Part 3
이제는 달리는 엄마입니다

13 마라톤을 위한 첫 투자

알뜰하게 살림하며 출산 후 내 옷을 산 건 일 년에 다섯 손가락 안에 꼽고, 신발은 임산부 시절 발이 편한 인생 운동화를 만난 후로는 단벌 신사처럼 늘 같은 신발로 어디든 다녔다.

하지만 웬만해선 지갑을 열지 않는 엄마여도, 30분 달리기를 성공한 기념으로 스스로에게 선물을 주기로 했다.

다른 운동과 달리 달리기는 별다른 준비물 없이, 평소 신는 운동화만으로도 충분했다. 덕분에 달리기한다며 따로 산 물건이 하나도 없었다. 하지만 마라톤도 신청했으니, 첫 투자를 결심했다.

모든 투자가 앞으로 투자처가 망하지 않고 꾸준히 가치 있을 거라는 확신이 있어야 할 수 있듯이, '30분 달리기'를 성공하고 나서야 앞으로 내가 계속 달릴 것이라는 확신이 들었기 때문에 투자를 시작할 수 있었다.

"신발 분석 서비스 받고 왔어요. 한 번 받아보셔요."

러닝크루를 함께 하던 분이 전한 말이었다. 발 크기만 재는 게 아니라, 발 모양을 입체적으로 살피고 트레드밀 위에서 뛰는 모습까지 분석해, 나에게 맞는 러닝화를 골라주는 서비스라고 했다.

그동안은 그냥 운동화를 신고 뛰어도 불편한 줄 몰랐지만, 러닝화를 새로 사기로 마음먹었으니 '좋은 신발'을 만나고 싶어 바로 신청했다.

'정말 좋은 러닝화는 무엇일까?'

새로 나오거나 예쁘거나 유명한 게 아니라, 내 발에 꼭 잘 맞는 러닝화가 세상에서 가장 좋은 러닝화가 아닐까. 예약이 촘촘히 차 있는 가운데 빈 시간을 노려, 3만 원의 예약금까지 걸어야 '신발 분석 서비스'를 받을 수 있었다. 물론 예약금은 신발을 구매하면 구매 비용에 포함되지만, 내 발에 맞는 신발을 만나기 위한 것 또한 저절로 되는 게 아니라 달리기처럼 나름의 정성이 필요했다.

좋은 건 함께 하면 배가 되니, 러닝은 하지 않아도 족저근막염으로 오랫동안 고생 중인 친구에게도 함께 하자며 나란히 신청했다.

35년을 함께 한 내 발이 갑자기 달라지는 것도 아닌데, 내 발을 새롭게 만나는 기분이었다. 매장에 들어선 순간 '이렇게 많은 신발 중, 나에게 딱 맞는 단 하나의 신발은 무엇일까?' 설렜다.

러닝화만 있는 게 아니었다. 곳곳에 사장님의 수많은 마라톤 궤적들이 들어차 있었다. 이 공간이 생기기까지의 수많은 땀방울과 애정이 물씬 느껴지는 왠지 모를 장인정신까지 느껴졌다.

'메달은 저렇게 걸어서 보관하는구나.' 아직 메달이 하나도 없지만 언젠가 메달이 많아지면 멋지게 걸어놓을 곳을 만들어야겠다고 다짐했다.

먼저 내 발 모양을 입체적으로 분석했다. 발볼은 가장 작은 A부터 가장 큰 EE까지 나뉘는데, 나는 E로 거의 왕발급이었다. 발등도 발아치도 높았다. 그동안 신어온 235mm는 발볼에 맞춘 크기였고, 실제 발 길이는 220mm라는 사실도 처음 알았다. 숨겨진 진실이었다.

"세상에 나쁜 발, 좋은 발은 없어요. 그냥 서로 다른 발일 뿐이에요."

그 순간, 기분 좋은 세뇌에 걸렸다.

내 발과는 대조적으로, 친구는 길쭉한 칼발이었다. 우리는 전혀 다른 신발을 추천받았다.

"제 발은 어때요? 운동하기 좋은 발일까요?"

"세상에 나쁜 발, 좋은 발은 없어요. 그냥 다른 발일 뿐이에요."

앞서 내게 했던 말을, 친구에게도 그대로 반복해 주셨다.

러닝화를 들고 돌아오는 길, 짧은 발 길이와 반대로 큼직한 발볼 덕에 나는 '왕발 러너'가 됐다.

"새 신을 신고 뛰어보자 폴짝. 머리가 하늘까지 닿겠네."

집으로 돌아오는 길, 이 노래가 절로 흘러나왔다. 새 신발은 늘 기분을 들뜨게 하지만, 이번엔 유난히 그랬다.

다음 날 아침, 눈 뜨자마자 새 러닝화를 신고 달렸다. 달리기를 시작하자 신발이 아니라 내가 가벼워진 듯했다. 임신 중에 만났던 '인생 신발'을 뛰어넘을 건 없을 거라고 생각했는데, 그 기록이 갱신되었다.

누군가는 러닝화를 일상화로 신으면 러닝화로써의 수명이 그만큼 짧아져서 안 된다고 했지만, 이 편안함 앞에서 다른 걸 잴 수 없었다. 달릴 때뿐만 아니라 평소에도 러닝화를 신기 시작했다.

그제야 알았다. 발 모양과 달리는 습관에 따라 맞는 신발이 이렇게 다르다는 걸. 발볼이 넓은 사람, 좁은 사람, 발이 안쪽으로 기우는 사람, 그렇지 않은 사람…. 하프 마라톤엔 쿠션이 넉넉한 러닝화, 풀 마라톤엔 가벼운 카본화를 신는다는 규칙 같은 것도 있다는 사실과 함께 '러너들의 세계'에 본격 입문했다.

발볼이 넓고 중립형으로 달리는 내 발엔 이번 러닝화가 제격이었고, 신고 뛰니 발이 한층 가벼워졌다. 달리기를 시작하지 않았다면, 그리고 30분 달리기를 해내지 않았다면, 결코 만나지 못했을 세계였다.

이 신발은 달리기를 시작하며 곧바로 산 게 아니었다. 평생 이어갈 수 있을 것 같다는 확신이 들었을 때, 나를 위해 투자한 선물이었기에 더 값졌다. 가계부를 쓰며 지출할 때마다 죄책감이 스칠 때가 많지만, 이번엔 달랐다. 오랜만에 너무 잘한 소비였다.

자영찌의 팁

좋은 러닝화를 찾는 방법

1. '슈피팅 서비스' 꼭 받아보세요
내 발의 형태, 아치 높이, 발볼 너비, 달리는 모습 분석까지 정밀하게 분석해줘요. 단순히 예쁜 신발이 아니라 내 발에 꼭 맞는 신발을 추천받을 수 있어요.

2. 예약금은 아깝지 않아요
예약금이 들지만, 신발을 구매하면 그 금액이 그대로 차감돼요.

3. 러닝을 안 해도 OK
오랫동안 서 있거나, 걸음걸이에 불편함을 느끼는 분, 족저근막염이나 무지외반증 등으로 고민하는 사람들에게 유용해요.

4. 신발은 '내가 준비되었을 때'
달리기를 시작할 때는 굳이 신발을 구매하기보다 있는 거로도 충분해요. 하지만 '조금은 오래 해볼 수 있겠다'라는 마음이 들면, 그때는 꼭 발에 맞는 신발을 사세요. 나를 지지해 줄 든든한 첫 투자가 되어 줄 거예요.

육아의 틈에서 완주한 10km

'평생 크루와 함께 뛸 수 없을 테니까, 혼자 달릴 수 있어야 해.'

크루가 준 소속감이 커지고 응원에 감사할수록, 이 시스템이 사라지는 순간 달리기가 모래성처럼 무너질까 봐 두려웠다. 그래서 누구의 응원도 관심도 없이 달리는 습관을 만들어보기로 했다.

혼자서도 비슷한 횟수로 운동을 이어갔지만, 이상하게도 힘이 없었다. 한 번 늘어난 고무줄처럼 더는 예전만큼 팽팽하지 않았다.

혼자 달릴 수 있다는 건 알았지만, 절반의 성공이었다.

한 달 후 다시 시스템에 합류했을 때, 그동안 계속 달릴 수 있었던 게 내 의지가 뛰어나서가 아니라는 걸 깨달았다. 함께 뛰는 사람들의 에너지, 그리고 나를 향한 따스한 관심이 있었기에 운동이 힘겨움 대신 신명으로 이어질 수 있었다.

떨어져 있어 보니, 곁에 있을 때 당연하게 여겼던 것들의 소중함이 선명해졌다.

오랜만에 돌아가니 마라톤 정모가 예정되어 있었다. 어릴 적 올림픽 경기의 피날레를 장식하던 마라톤을 보며 '저건 특별한 체력을 타고난 사람들만 가능한 운동이야'라고 생각했는데, 내가 그 마라톤을 신청하다니.

'5km쯤은 괜찮겠지' 하며 신청하려던 찰나, 옆에서 녹이 말했다.

"도전하려면 10km는 해야죠."

"네? 10km요? 5km도 한 번도 안 뛰어봤는데요?"

가벼운 마음이 들킨 것 같아 얼굴이 달아올랐다. 괜히 부아가 났지만, 그 말이 틀린 건 아니었다. 실력은 부족했어도 오기로 10km에 신청했다.

인생 첫 마라톤, 그것도 10km 완주를 떠올리니 설렘과 동시에 부담이 몰려왔다.

목표가 정해지니 운동량도 덩달아 늘었다. 평소에 20분 뛰던 걸 30분으로, 어떤 날은 40분을 넘기기도 했다. '도전해 놓고 중간에 걸으면 어쩌지?' 그 불안이 실제가 될 것 같은 날에는 평소보다 더 달렸다.

마라톤 당일, 새벽부터 비가 부슬부슬 내렸다. '비가 계속 오는데 10km를 완주할 수 있을까. 건강을 위해 달리는 건데, 감기에 걸려 고생하는 건 아닐까. 내 인생 첫 마라톤이 날씨 때문에 망하는 건 아닐까.'

매일의 태양이 떠오르듯, 달리지 않을 핑계는 이날마저

어김없이 찾아왔다.

이날을 위해 새벽 출근 전, 아이들이 깨기 전, 차가운 새벽 공기를 가르며 시간을 쪼개 달려온 날들이 떠올랐다. 고작 비 때문에 포기할 수는 없었다. 마침 밝은색 러닝화가 점점 누더기처럼 더러워지고 있었으니, 이날을 세탁 날로 삼았다. 비에 젖으면 갈아입을 속옷과 상하복까지 챙겼다. 평소엔 아이들과 외출할 때도 준비물을 대충 챙기는 나였지만, 자연이 내민 과제 앞에서는 저절로 철저해졌다.

'비 오는 날 마라톤을 하다니, 나 좀 멋진데?'라는 마음으로 출발했다.

엄마가 주말 마라톤에 참여하려면, 스스로 의지만 있다고 되는 게 아니라 가족의 협조가 필수였다. 3살, 1살 아이 둘을 녹 혼자 돌보며 삼시 세끼를 챙기다 보면 하루가 출렁거릴 게 뻔했다. 주말에 녹이 일정이 있으면 나 혼자서도 해내던 일이지만, 내가 마라톤으로 에너지를 충전하는 동안 집에서 아이들과 씨름할 녹을 생각하니 마음이 쓰였다. 결국 시댁에 아이들과 녹을 맡기고서야 비로소 마음 편하게 출발할 수 있었다.

자연스럽게 비가 오는 날에 마라톤을 하러 간다는 사실이 시댁에 공개되었다.

"비 오는데도 가니?"

"네, 참가비를 냈거든요."

허투루 돈을 쓰는 걸 싫어하시는 시어머니께 이 말은 면죄부이자 설득의 도구였다. 응원은 없었지만, 말리지 않는 것만으로도 감사했다.

여의도공원에 도착했다. 하늘은 잿빛이었고, 비는 그칠 줄 몰랐다. 첫 마라톤을 앞둔 내 마음을 하늘이 알아줄 리 만무했다. 참가자들이 하나둘 모여들었다. 우비를 걸친 채 스트레칭을 하는 사람, 모자챙 아래로 떨어지는 빗방울을 털어내는 사람, 긴장된 표정으로 신발끈을 조이는 사람…. 나도 그 풍경 중 하나가 되어 떨리는 숨을 고르며 출발선에 섰다.

크루 중에 10km를 신청한 건 나뿐이었고, 리더가 처음부터 끝까지 함께 달려주었다.

출발 시작음이 울리자 발걸음이 물 위를 가르며 나아갔다. 비가 얼굴을 때리고, 러닝화 속 양말까지 물에 젖어 무거워져도 발은 멈추지 않았다. 우비가 달리며 가르는 바람에 펄럭였고, 얇은 비닐이 빗방울을 막아주며 몸을 따뜻하게 감싸줬다. 늘 혼자 달리던 길이, 여러 사람의 숨소리와 발걸음, 튀어 오르는 물방울과 함께 풍성해졌다.

그날은 단 한 번도 '걷고 싶다'는 생각이 들지 않았다. 비가 여전히 세차게 얼굴을 때려도, 비에 젖은 몸에도 그 어느 때보다 가볍게 달렸다.

기록보다 중요한 건, 빗속에서도 10km를 처음부터 끝까지 가뿐한 느낌으로 완주했다는 사실이었다. 아이 둘을 키우며 일하는 엄마도 자신의 시간을 만들어 달릴 수 있다는 걸 증명했다. 스스로가 낯설 만큼 대견했다.

아이들 모습으로 가득했던 프로필 사진을, 빗속에서 두 팔 번쩍 들고 달리는 내 모습으로 바꿨다. 지금 생각하면 조금 부끄럽기도 하지만, 그때의 감격은 돈 주고도 살 수 없는 귀한 것이라 어디에든 내보이고 싶었다.

　　36년 내 인생에, 스스로 메달을 걸어주고 싶은 날이 내게도 찾아 왔다.

자형씨의 팁

육아와 동시에 달리는 당신에게

육아에 지치고 체력이 바닥나 운동이 사치처럼 느껴지더라도 '당신도 당신만의 10km를 달릴 수 있다.'라고 말해주고 싶어요.

처음엔 1분, 다음엔 5분. 그렇게 30분까지. 속도보다 중요한 건 포기하지 않는 마음입니다. 그 마음이 결국 완주로 이끌어줍니다. 엄마도 할 수 있어요.

달리는 의사에게 배운 것

"10km 기록이 어떻게 돼?"

"1시간 6분이요."

"풀 뛸 거야?"

"제가 뛸 수 있을까요?"

"10km를 55분 안에 들어오고, 하프를 2시간에 들어오면 풀도 뛸 수 있어."

"하프는 뛸 거지?"

"뭐… 발목이 괜찮다면 해보고 싶어요."

"할 수 있어. 뛰어 봐."

이 이야기는 트레이너가 아닌, 정형외과 의사와 나눈 대화다.

달리기를 계속하다 보니 고질적으로 '발목'이 아팠다. 5년 전 여행 중 높은 굽의 신발을 신고 계단을 내려가다가 발목을 심하게 삐었다. 며칠이면 나을 거라 대수롭지 않게 넘기고 병원에도 가지 않았다. 여행이 끝난 뒤에도 바쁘다는 핑계로 치료를 미뤘다. 일상에는 큰 지장이 없었기에 그냥 그렇게 지냈지만, 그때 약해진 발목은 여전히 내 발목을 잡는다.

달리지 않아도 한 번 삔 발목은 다시 쉽게 삐었고, 그때마다 재활의학과에서 체외충격파 치료를 받았다. 이번엔 달리며 생긴 통증이었기에, 직접 달려본 명의를 만나고 싶었다. 러닝크루 리더도 무릎 부상으로 이 병원에 갔는데, 의사가 이렇게 말했다고 했다.

"평생 달릴 수 있게 해줄게."

내게도 어떤 말을 해주실지가 궁금해, 집에서 한참 먼 병원까지 찾아갔다. 달리기에 자부심이 묻어나는 '달리는 사람' 그림 간판이 예사롭지 않았다. 대기실 벽면에는 의사 선생님의 달리기 기록과 인터뷰가 가득 붙어 있었다. 병원이라기보다, 한 개인의 달리기 역사가 고스란히 남은 기념관 같았다.

성취의 기쁨이 뭔지 알기에, 그 마음이 고스란히 전해져 왔다. 나도 모르게 설렜다.

진료실에서 만난 의사 선생님은 역시 명의였다. 직접 발 각도를 잡아 엑스레이를 찍어주고, 체외충격파 치료까지 해주셨다. 그 과정에서 처음으로 내 발목 상태를 제대로 알게 됐다. 보통 발목이 휘어져 있어도 뼈는 수평을 유지해야 하지만, 내 발목은 무려 20도나 벌어져 있었다. 참고로 선생님 본인도 어릴 적 부상으로 14도가 벌어져 있다고 했다. 내 발목 상태가 꽤 심각하다는 말이었다.

"30도가 벌어졌어도 풀 마라톤을 뛰는 사람도 있어."
"울퉁불퉁한 산에서 뛰는 트레일 러닝은 하지 말고, 평지

랑 트레드밀에서 달리면 괜찮을 거야."

그렇게 말하며 선생님은 발목이 삐려는 순간 대처할 수 있는 착지법을 직접 시연해 보였다. 발을 비스듬히 딛지 말고, 평지에 수직으로 '툭' 하고 내려놓는 느낌. 내가 달리다 발목이 아파 며칠 쉬었다고 하자, 그는 웃으며 말했다.

"달리기는 4일 이상 쉬면 안 돼. 바로 달려봐."

체외충격파 치료를 받으며 달리기 이야기를 이어갔다. 그는 41살에 처음 마라톤을 시작했고, 처음엔 달리면 무릎이 안 좋아질 거라 예상했다고 고백했다. 하지만 운동할수록 몸이 건강해지는 걸 느꼈다고 했다. 달리는 의사가 드물던 시절, 입소문을 듣고 러너들이 일부러 이 병원을 찾기 시작했는데, 그중에는 울트라 마라톤(42.195km 이상)을 뛰는 환자도 있었다.

"그런데 내가 안 해봤으니 제대로 조언할 수가 없잖아."

그렇게 직접 울트라 마라톤에 도전했다. 한번은 강화도에서 강릉까지, 잠을 안 자고 달리기 위해 일부러 수면을 참는 훈

련까지 했다고 했다.

"규칙적으로 운동하면 몸이 좋아지지만, 그 이상을 넘어서려면 이렇게 해봐야 해."

그 말을 들으며 생각했다. 내가 그동안 이렇게 미칠 만큼 몰입한 적이 있었던가.

발목이 아파서 찾아간 병원에서 삶과 달리기에 이렇게 진심인 분을 만나다니. 의외의 선물이었다. 나도 달리는 그 순간만큼은 달리기에 진심이 되어야겠다고 다짐했다.

진료 다음 날, 4일 만에 다시 달렸다. 신기하게도 발목 통증은 없었다. 완전히 회복된 건 아니었지만, 치료를 이어갈수록 버티는 시간이 길어졌다. 치료비가 조금 비싸고 거리가 멀어도, 이 병원만큼은 계속 찾았다.

이제 병원에 가는 길이 설레는 일상이 됐다. 치료를 받고, 조언을 듣고, 하루 쉬고 다시 달린다. 늘어난 인대가 예전처럼 팽팽해지진 않더라도, 앞으로 발목 때문에 달리기를 멈출 이유는 없다.

달리는 의사와 함께 담금질을 이어간다면, 달리고, 치료하고, 다시 나아가면 그만이다.

자형찌의 팁

발목이 약한 러너에게

1. 발목이 아프다고 무작정 길게 쉬지 마세요

4일 이상 쉬면 다시 달리는 리듬이 깨질 수 있어요. 며칠 쉬고 불편함이 없어지면, 다시 가볍게 달려보세요.

2. 전문가의 진단은 '전환점'이 됩니다

달리기를 해본 의사 선생님처럼, 내 몸을 진짜로 이해하고 공감해줄 수 있는 전문가를 찾아보세요.

3. 달리기를 '치료의 일부'로 생각해보세요

멈춤이 아니라, 조절하며 지속하는 것이 오히려 회복의 열쇠가 될 수 있어요.

4. 착지 방법을 신경쓰세요

발을 수직으로 착지하는 습관을 들여보세요.

5. 테이핑 팁

발목이 불안할 때는 테이핑을 하면 부담을 덜 수 있어요. 하지만 회복 후에는 테이핑을 풀고 스스로 힘을 키우는 게 좋아요.

16

나만의
제니, 차은우

"빅씨스를 보러 간다고요? 차은우나 제니도 아니고?"

직장 후배가 놀라며 물었다.

순간 웃음이 났다.

학창 시절, 그 어떤 연예인에게도 깊이 빠져본 적 없는 내 미지근한 애정이 늘 어딘가 아쉬웠다. 그런데 아이를 키우는 엄마가 된 지금, 이렇게까지 만나고 싶은 롤모델 앞에서야 비로소 뜨거워졌다.

누군가에게는 그저 유튜브 운동 채널일지 몰라도, 내 몸과 마음을 단단히 붙들어준 그녀는 내겐 제니이자 차은우였다.

달리기를 시작한 지 1년쯤 지나자, 체력이 쌓였는지 근력 운동이 절로 고파졌다. 달리기가 지구력을 길러줬다면, 근력 운동은 그 몸을 단단하게 받쳐줄 기초였다. 집에서 하는 운동은 여러 번 시도했지만, 며칠 이상 이어가지 못했다. 그런데 유튜브의 '빅씨스' 운동만큼은 달랐다. 집에서 영상을 따라하며 딴짓 없이 끝까지 이어가는 건 쉽지 않은데, 그녀의 영상만은 중간에 멈추지 않고 완주할 수 있었다.

처음 이 운동을 알게 해준 건 랜선 육아 동지였다. 센터에 나가지 않고도 '빅씨스 100일 챌린지'로 단단해지는 복근. 이미 그 운동만으로 변한 몸을 본 적이 있기에, 시작 전부터 확신이 있었다.

"나이가 숫자에 불과하도록, 우리 함께 꾸준히 운동해요."

운동 중간 건네는 격려와 마무리 멘트는 내 체력과 자존감을 함께 세워주었다. 학생들과 수업에서도 즐겁게 활동하는 것만이 중요한 게 아니라, 활동의 의미를 정리하는 시간이 중요하듯 그녀 역시 마무리의 힘을 잘 아는 사람이었다.

자극적인 말 없이 몸과 마음을 단정히 가꾸는 태도, 순간을 즐기는 여유와 매 순간에 대한 감사가 화면 너머로 전해졌다. 그게 나를 팬으로 만들었다.

엄마의 홈트는 달리기만큼 쉽지 않았다. 집안일이 먼저 눈에 들어오는 날엔 하루의 시작을 집안일에 내어준 대가를 치러야 했다. 아이들이 깬 뒤 운동을 하면, 엎드린 동작마다 등에 올라타거나 서로 먼저 타겠다며 다투는 소동이 벌어졌다. 그래도 달리기처럼 꾸준히 했다.

할로윈 복장의 '스파이더우먼 홈트' 영상은 아이와 함께 할 수 있는 구세주였다. 빅씨스 운동은 시간 가성비도 좋았다. 10분, 15분, 20분짜리 다양한 영상이 있어 그날 상황에 맞게 골라 하는 재미가 있었다.

그러던 어느 날, 그녀의 라이브 방송에서 이런 말을 들었다.

"일상생활에 무리 안 되게, 그러나 힘들게 해야 운동이 돼요."

마침 '운동하는 마음의 만족만 있고, 몸에는 효과가 있나?' 고민하던 시기에 딱 필요한 조언이었다. 그래서 언젠가 해볼까 망설이던 '100일 챌린지'를 시작했다.

평균 60분짜리 운동은 결코 쉽지 않았다. 2024년 1월부터 시작해 1년이 끝나갈 때까지 100일을 채우지는 못했지만, 80일 넘게 채워온 하루하루는 치열했다.

세 시간짜리 운동을 한 건 아니지만, 그렇게 길었던 날들이었다. 60분짜리 운동을 시작했다가 아이들을 돌보느라 몇 번이고 멈췄다. 멈추고, 다시 재생하고, 또 멈추기를 반복하며 운동을 이어갔다. 그렇게 시작한 지 세 시간이 지나서야 마지막 동작을 마칠 수 있었다.

수많은 멈춤 끝에 완주한 나 자신이 대견했다. 체력과 함께 팬심도 차곡차곡 쌓여갔다.

그런 그녀가 책을 냈다. 《느려도 좋아. 한 걸음이면 충분해》 완벽한 운동이나 몸매나 화려한 기록보다 그저 '운동하는 나' 자체를 기특히 여길 수 있는 제목이자 내용이었다. 그동안 나의 자존감의 씨앗에 물을 대줬던 그녀다운 책이었다.

뉴욕에 사는 그녀가 서평 이벤트를 열었고, 당첨되면 한국 어디든 와서 함께 식사하는 기회였다. 상상만으로도 가슴이 뛰어 진심을 꾹꾹 담아 서평을 썼다. 당첨되면 녹에게 프러포즈를 받았던 63빌딩의 레스토랑에서 언니와 나, 녹과 빅씨스의 남편인 편집자님 이렇게 함께하는 장면을 그렸다. 아이들을 어떻게 맡기고 갈까. 무슨 옷을 입고 어떤 이야기를 나눌지, 김칫국을 사발째 마셨지만 아쉽게도 내 서평은 선정되지 않았다.

그런데도 어떻게든 보고 싶었다. 다행히 방법이 남아 있었다. 바로 책 출간 사인회. 서평을 위해 이미 책을 샀지만, 직접 보기 위해서라면 책 하나쯤은 더 사도 좋았다. 사인회 참석을 위해 녹이 오후 반차를 내서 아이들을 맡았다.

사인을 받기 위해 줄을 서 기다리는 동안 설렘이 점점 차

오르더니, 마주 앉았을 때는 하고 싶은 말들이 눈물로만 터져 나왔다. 울고 있는 나를 보며 그녀는 따뜻하게 말했다.

"엄마들은 나만 보면 울어. 원래 그래."

내 서평을 기억하고 캡처까지 해놨다는 말에 감동했다. 사인을 받는 모든 이의 이야기를 오래 들어주고, 사인회 7번이니 럭키라고 위로해주며 마지막에 말 대신 안아주던 그 순간, 종일 설레던 그 마음이 "이런 사람이 세상에 존재함에 감사해"라는 문장으로 마음에 쌓였다.

빅씨스 남편이자 편집자에게는 "왜 내 서평 안 뽑아주셨어요?"라고 장난 섞인 투정도 했다. 그런데 나중에 인터넷 서점에서 내 서평이 우수 서평으로 선정되었다. 비록 식사 이벤트는 아니었지만, 내 진심이 전해졌다는 사실에 벅찼다. 집으로 돌아오는 지하철과 버스 안에서도 계속 눈물이 나서 코를 훌쩍였다. 사인회에서 받은 책자가 눈물을 멈추지 못하게 했다.

"오늘 내가 잘 해낼 거란 믿음."

그 믿음 없이는 내일의 나, 내년의 나를 꿈꿀 수 없다. 자신을 믿는 습관이 필요하다는 말. 이 말이 그냥 흘려보내 지지가 않았다. 이 말을 진정으로 믿는 오늘과 그런 말을 건네주는 그녀를 만난 게 감사하다.

지금 졸린 눈을 비비며 이 글을 쓰는 나의 체력과 자존감이 엮여, 빅씨스처럼 누군가에게 닿을 이야기가 되기를.

다음 날, 사인회의 여운이 아직도 몸에 맴돌았다. 그 기운을 모아 '오늘 내가 잘 해낼 거란 믿음'을 장착한 채 덤벨 운동 3일 차를 했다. 운동을 마친 뒤 나처럼 빅씨스 운동을 하는 친구에게 이 책을 선물했다. 친구는 육아휴직 후 4년 만의 복직을 앞두고 막막해했다.

아이 키우고 일하며 살아가기만으로도 벅찬 일상에 운동까지 추가해야 한다니. 그래도 그러겠노라며 함께 다짐했다.

 **자영씨의 팁**

운동도 팬심으로

팬심이 생기면 운동이 자연스럽게 더 즐거워집니다. 나만의 차은우, 제니를 만나기를!

저는 유튜브 채널 '빅씨스'를 통해 10분, 20분, 60분짜리 다양한 홈트를 꾸준히 이어갈 수 있었어요. 짧은 영상부터 시작해 보세요. '팬심'이 가장 든든한 운동 루틴이 됩니다.

17
오래 품은 꿈은 결국 도착한다

하고 싶은 건 많았지만 방법을 몰라 마음만 들끓던 대학 시절, 애니메이션 〈소중한 날의 꿈〉을 봤다.

이 영화는 달리기 시합으로 시작해, 달리기 시합으로 끝난다. 주인공인 여고생 오이랑은 달리기 하나만큼은 자신 있었다. 그런데 어느 날, 다른 친구에게 추월당하자 패배를 인정하고 싶지 않아서 일부러 넘어져 버린다.

그 뒤 친구들과 해남 땅끝마을로 여행을 떠난 이랑이는

공룡 발자국 화석을 본다. 처음엔 그것이 자신을 이긴 친구처럼 화려하고 눈에 띄는 공룡의 발자국일 것이라 생각한다. 하지만 꿈속에서 만난 발자국의 주인공은 조금 뒤처졌어도 끝까지 힘 있게 걸음을 내디딘, 어쩌면 자신과 닮은 평범한 공룡이었다. 그 발자국은 1등으로 온 공룡의 흔적보다 오래 남아 있었다.

이랑이는 깨달았다. 1등이 아니어도, 끝까지 달린다면 나의 꿈은 여전히 소중하다는 것을. 영화의 마지막, 가을 단풍이 물든 춘천 마라톤에서 친구가 또다시 앞질러 갔지만, 이번엔 멈추지 않았다. 끝까지 최선을 다해 달렸다.

그 시절 이랑이의 고민이 마치 내 고민 같았다. 대학에 다니면서도 뒤늦게 진로 고민을 하던 때였다. 영화를 보며 느리고 화려하지 않더라도 꿈을 향해 나아가볼까도 싶었지만, 안타깝게도 실천으로 이어지지 못했다. 하지만 영화를 보며 품었던 또 다른 소망, '춘천에서 열리는 마라톤에 참여하고 싶다'는 씨앗은 마음속에서 계속 잠들어 있었다.

그리고 13년이 지나 러너가 되어, 마침내 싹을 틔웠다. 물론 영화에서처럼 단풍이 가득한 춘천 풍경을 느끼려면 풀 마라톤에 참여해야 하지만, 나에게는 10km도 육아하며 시도한 의미 있는 도전이었다.

하지만 영화처럼, 내 달리기에도 고비가 찾아왔다. 대회 전부터 몸 상태가 좋지 않았다. 전날엔 몸살 기운이 심해 약을 먹고 파스까지 붙였다. 마라톤 당일에도 감기 기운은 여전했고, 발목 상태마저 나빴다. 이번 준비는 달리기보다 발목 치료에 더 가까웠다. 매주 재활의학과를 찾으며 꾸준히 치료했고, 달리기는 오히려 자제했다. 이전 마라톤에서는 페이스 단축을 노렸지만, 이번 목표는 단 하나였다.

"부상 No, 완주 Yes."

이 목표 하나만을 품고 마라톤에 참여했다. 악명 높은 춘천 마라톤의 오르막과 내리막이 은근히 반복되었다. 평소 마라톤을 함께했던 친구가 춘천 마라톤 접수의 열기에 밀려 등록에 실패하는 바람에 혼자 뛰게 되어 페이스 조절이 더욱 어려웠다. 평소 페이스를 측정하던 런데이 앱은 사람이 많은 탓인지 먹통이라 켜지도 못했다.

순간 주위를 둘러봤더니 천천히 달리지만 단단한 걸음걸이로 달리는 한 분을 발견했다. 그 뒤를 따라 달렸다. 나만의 페이스메이커였다.

지난번 기록(10km 58분)이 좋았던 편이라 A 코스에서 시작했더니, 수많은 사람이 나를 앞질러 갔다. 계속해서 추월당했다. 익숙해질 만도 한데, 매번 기분이 나빴다. 이랑이가 왜 넘어지는 것을 택했는지, 그 마음이 어땠을지도 짐작이 갔다. 하지만 애써 되뇌었다.

'나만의 달리기를 하자. 멈추지 않을 페이스로 뛰자. 무리하지 말자.'

유혹은 또 있었다. 마지막 오르막이라 생각할 때마다, 또 다른 오르막이 눈앞에 나타났다. 이게 뛰는 건지 아니면 걷는 건지 헷갈릴 정도였지만, 그래도 오르막을 달려 올랐다. 잠깐쯤은 걷고 싶었다. 하지만 13년 동안 품어온 꿈, 춘천 마라톤이었다. 진로는 바꾸지 못했지만, 이것만큼은 이루고 싶었다.

17 오래 품은 꿈은 결국 도착한다

출발 전, 아이들이 해맑게 외친 "엄마 달리기 잘해요!"라는 목소리, 그리고 춘천 마라톤이 로망이라 말한 것을 기억하고 당일에 응원을 건네준 러닝크루 리더도 떠올랐다. 그 모든 순간이 발걸음을 멈추지 않게 했다.

나만의 페이스메이커가 갑자기 멈춰 걸었어도, 달리는 내내 몸 상태가 안 좋았어도, 단 한 번도 걷지 않았다.
완주 기록은 1시간 4분 11초.
소중한 기록이었다. 무엇보다 발목이 한 번도 아프지 않았다. 달린 뒤에도 체력이 남아 있었다.

마라톤 당일의 컨디션은 좋지 않았지만, 달리기는 그게 전부가 아니었다. 그동안 차곡차곡 쌓아온 힘이 내 안에서 나를 달리게 했다.
〈소중한 날의 꿈〉 애니메이션이 쏘아 올린 나의 꿈, 그 꿈을 이룬 소중한 날의 기록을 썼다.

"느려도 끝까지 걷지 않았다."

10km가 선물한 자신감

처음으로 10km 완주가 내 이야기가 되었을 때, 세상을 다 가진 듯한 기분이었다. 건강한 사람들 사이에서 그와 같은 일원으로 마라톤을 끝까지 달렸다는 사실은 그동안 쌓여 온 스스로에 대한 불신을 한결 가볍게 해주었다.

마라톤은 봄, 가을로 1년에 두 번만 나갔다. 몸도 마음도 시간도 그 정도가 나와 가족에게 모두 부담이 되지 않는 리듬이었고, 그 목표 덕에 꾸준히 도전하며 달리기의 끈을 이어갈 수 있었다.

첫 달리기 목표가 '30분을 쉬지 않고 달리는 체력 만들기'였다면, 이제는 '속도가 느려도 10km를 달려서 완주하기'로 업그레이드됐다.

그렇게 목표를 이어가던 어느 날, 봄 마라톤을 앞두고 갑자기 하프 마라톤(21,1km)에 도전할지 고민이 밀려왔다.

"10km 55분을 찍은 후, 도전하세요."

달리는 의사의 조언이 귓가에 맴돌았다. 내 기록은 58분. '아직 그 기록도 아닌데…' 그때 러닝크루 리더의 목소리가 겹쳤다.

"자영 님이 하프 뛰는 날을 꼭 보고 말 거예요."

그 말에 손사래 치던 내가 생각났다. 그런데 신청 버튼 앞에서, 이상하게도 두려움보다 설렘이 앞섰다. 나는 결국 하프라는 도약의 길을 클릭했다.

내 달리기의 성경과도 같은 《마인드풀 러닝》의 김성우 작가의 문장이 떠올랐다.

"내가 할 수 있는 달리기를 하다 보면 언젠가 내가 할 수 없는 달리기를 하게 될 거예요."

그동안 빠르지도 길게 달린 적도 없건만, 3년 동안 한 발씩 달려온 끝에 나 자신도 상상조차 못 한 거리에 발을 내디뎠다.

하프를 위해서는 장거리 훈련이 필요했다. 그동안 나는 마라톤 대회에서만 10km를 달려왔다. 하지만 이번엔 대회 참여의 설렘도, 함께 달리는 크루도 하나 없이 처음으로 나만의 고요한 10km를 마주했다.

매일 달린다고 알려진 무라카미 하루키나, 매일 10km를 달리지 않았다면 웹툰 작가로서 살아남을 수 없을 거라고 말한 기안84처럼 나 또한 10km를 일상적으로 달리는 사람이 되다니. 달리기가 내 일상에서 뗄 수 없는 요소가 되었음을 느꼈다.

계획보다 흐름을 따르는 MBTI의 파워 P인 나도 '나 홀로 뛰는 첫 10km' 앞에서는 저절로 준비가 따랐다.

눈을 뜨자마자 물을 500mL 넘게 마시며 수분을 보충했고, 약한 발목에 발목 잡히고 싶지 않아서 유튜브를 보며 테이핑을 꼼꼼히 했다. 화이트데이에 사탕이 필요 없다고 말한 짠순이 부인에게 "이것만큼은 좋아할 거예요"라며 녹이 사탕 대신 사줬던 에너지 젤도 개시했다. 아직 캄캄했지만 햇살을 대비해 선크림을 바르고, 모자를 눌러 썼다. 러닝 벨트를 허리에 차며 마음도 단단히 매고 집을 나섰다.

오랜만에 맞이한 새벽 5시의 공기는 여전히 고요하고 맑았다. 목표 지점은 정하지 않았다. 어디든 길을 따라 10km를 쭉 달리기만 하면 됐다. 교통카드를 챙겼으니, 어디를 가더라도 지하철을 타고 돌아오면 그만이었다.

몸 상태는 썩 좋지 않았다. 이사 후 새집 정리에, 3월 개학과 아이들의 어린이집 적응까지 겹치며 정신없이 지낸 몇 주였다.

구내염이 길게 이어지더니 목감기가 바통을 이어받았다. 수업 시간에 "I have a cold. I have a sore throat, too"라는 표현을 가르치며 "얘들아, 이게 바로 선생님 이야기야"라고 말하자, 아이들이 웃으면서도 안쓰러운 눈빛으로 바라봤던 그 풍경이 떠올랐다.

　5km쯤 달렸을 때였다. 요즘 짧게 달리던 거리보다 훨씬 멀리 왔으니, '이 정도면 괜찮지 않을까?' 하는 생각이 스쳤다. 하프 마라톤에 나간다고 꼭 10km를 매번 뛰어야 하는 건 아니니까. 내가 5km를 달리든 10km를 달리든, 나 혼자 모른 척하면 그만이었다. 내가 제대로 살아가기 위해 자신을 내어주었던 엄마도, 매일 얼굴을 마주하지만 마음속 깊이 닿기는 어려운 녹도 모르는, 오직 나만 알고 있는 약속이었다.

　하지만 그 절반만 채우고 멈춰 선다면 나 자신에게 느낄 실망감이 얼마나 클지를 내가 제일 잘 알고 있기에 멈춰서 걷고 싶은 마음을 애써 끊어냈다.

　새벽에 나오니 50분을 달렸는데도 하늘은 여전히 어두웠다. 해가 뜨면 점점 더워질 터였다. 그 전에 최대한 10km를 많이 채워야 했다. 그 생각이 나를 달리게 했다. 얼마 전 읽은 《길 위의 뇌》 속 정세희 교수님의 달리기 슬로건, "오른발, 왼발"이 떠올랐다. 아무리 긴 거리라도 지금 내 발의 움직임에만 집중하다 보면 언젠가 그 거리를 다 달릴 수 있다는 뜻이었다.

10km 도착 지점을 생각하면 막막했지만, '지금' 내 발걸음에 집중하니 달리기가 한결 가뿐해졌다. 10km를 달려내는 것도 결국 현재의 달리기가 모이고 쌓여서 되는 것이었다.

점점 해가 떠오르며 등장한 봄의 풍경이 달리는 이유가 되어 주었다. 활짝 핀 개나리와 목련이 두 팔을 벌려 맞아 주었고, 아직은 움츠린 벚꽃들은 '나를 보러 왔구나. 다음에 더 활짝 핀 나를 만나러 와'라며 인사를 했다. 벚꽃을 더 마주할 수 있는 길로 방향을 틀었다. 대회가 아닌 혼자 러닝이니 발길 닿는 대로 달릴 수 있었다. 벚꽃 사이를 스치듯 달리다 보니 한 주 내내 짓누르던 몸의 통증도 잊고 오롯이 이 순간에만 집중했다.

러너스 하이를 느낀 적이 있었는지 확실하지 않지만, 이 순간만큼은 그렇게 불러도 좋았다. 달리는 사람에게 찾아오는 짧은 황홀과 해방의 순간처럼.

9km쯤 달렸을 때는 오히려 몸에 힘이 남아서 막판 스퍼트를 올렸고, 10km가 어느새 완성됐다. 기록은 1시간 18분. 이

속도로 하프를 달릴 수 있을지 걱정됐지만, 이렇게 쌓은 게 분명 하프를 달릴 씨앗이 되리라. 돌아갈 때 지하철을 타려던 계획마저 바꿔 끝까지 달렸다.

처음부터 목표로 했으면 부담스러워 다다르지 못했을 12km를 달렸다.

첫 고요한 10km는 마음의 벽만 넘은 게 아니었다. 몸도 달라졌다. 몸살 기운이 있던 몸은 이후 이어진 3일 연속 달리기와 휴식 속에서 회복됐고, 몇 주간 항생제를 먹어도 낫지 않던 목 통증마저 사라졌다.

달리며 다시 살아나는 내 몸을 분명히 느낄 수 있었다.

그날 이후, 마라톤 대회가 아니어도 10km를 달리기 시작했다. 이제 10km는 특별한 도전이 아니라, 일상의 일부가 되었다. 그리고 살아난 몸은 마음까지 끌어올렸다. 숨차게 달려온 시간이 나를 더 이상 숨기지 않아도 된다고 말해주는 듯했다.

그때부터 예전엔 상상도 못 한 옷을 입어 보기로 했다. 바

로 '크롭티를 입고 달리기'.

첫째를 낳고도 여전히 거슬리던 아랫배 때문에, 새벽 러닝 전 노트에 '나는 크롭티를 입고 달리는 러너다'라고 적으며 스스로를 세뇌했다.

그러던 어느 날, 그 문장이 현실이 됐다. 처음엔 부끄러워서 러닝이 끝나자마자 갈아입었지만, 화장실 거울 속의 나는 생각보다 괜찮았다. 예전엔 팔만 마르고 배가 나와 ET 같던 몸이 이제는 제법 러너답게 변해 있었다.

조금씩 자신감이 붙었고, 그 모습을 셀카로 남겨 놓았는데 아이들에게 사진을 들키는 바람에 노래가 하나 탄생했다.

"아줌마가 달려갑니다~ 배꼽 아줌마가 달려갑니다~."

아이들의 목소리가 거실을 가득 메웠다. 소파 위에서 배를 훌러덩 내밀고 달리는 시늉을 하는 아이들, 그 옆에서 땀이 마르기도 전에 숨을 고르며 웃음을 터뜨리는 나. 숨소리와 웃음소리가 뒤섞인 그 순간, 10km 결승선보다 훨씬 짜릿했다.

이제 나는 10km를 달리는 엄마이자, 배꼽 보이는 러너다.

자형찌의 팁

첫 고요한 10km, 이렇게 준비하세요.

1. 전날 몸 상태를 조율하세요. 무리한 운동이나 과식은 피하고, 미리 잠자리에 듭니다.

2. 러닝 전 가벼운 준비운동과 테이핑으로 부상을 예방합니다.

3. 에너지 젤이나 바나나 한 조각도 큰 힘이 됩니다.

4. 달리며 거리보다, "오른발, 왼발"처럼 간단한 리듬이나 슬로건을 떠올리세요. 몸의 통증보다 '지금의 나'에게 집중할 수 있어요.

Part 4

이래 봬도 엄마의 루틴

인스타에 달리기를 올리면 생기는 일

보통 사람이라면 굳이 러닝크루에 가입하지 않아도 달릴 수 있는 1분 30초. 그걸 달렸다며 신이 나서 첫 달을 보냈다. 그런 거북이 새싹 러너가 매번 까먹지 않은 루틴이 하나 있었다. 바로 운동 후 인스타에 달리기 기록 남기기! 거리는 짧고 속도는 느렸지만, 달리기를 시작한 나 자신이 대견해서 기록을 쌓아갔다.

내가 애정하는 김신지 작가님이 소소한 행복의 'ㅎ'을 매일 모으는 것처럼, 달리기의 'ㄷ'을 매일 모으는 마음이었다.

SNS에 달리기 기록을 남기니 응원도 따라왔다. 소소한 계정이지만 내 글을 보고 러닝크루에 함께 신청한 친구도 생겼다. 무엇보다 기록 덕분에 내 달리기의 역사가 고스란히 남아있다.

지금 이 글을 쓰며 달리기 첫날의 글을 다시 찾아봤는데, 그날부터 단 하루도 빼먹지 않았다. 기특한 내 자신!

다시 보니 내 기억보다도 몸 상태가 훨씬 안 좋았다. 툭하면 몸살에 걸려서, 아이들을 챙겨주고 나면 그게 소파든 바닥이든 어디든 찾아 누웠다. 아이들이 발로 밟아 아팠어도, 물건을 떨어뜨려 겁이 났어도, 몸은 좀처럼 일어나지 못했다. 웃기다 못해 씁쓸한 풍경이었지만, 그만큼 지쳐 있었다.

어느 순간부터 삶은 늘 비슷했다. 새로운 곳에 가거나, 새로운 음식을 먹는 특별한 경험이 아니면 설렘도 없었다. 행복을 찾으려면 멀리, 멋진 곳으로 여행을 가야만 한다고 여긴 날도 많았다. 그런데 눈 내린 날 달리며, 내 발자국이 만들어 내는 거칠게 저벅저벅 하는 소리를 듣는 순간 깨달았다. '내가 살아있

구나.'

언제든 올 수 있던 집 근처 수변에 이토록 새로운 것들이 숨어 있었다니! 새벽의 물안개가 몽환적으로 피어 있었고, 물에서 그대로 잠든 오리와 새도 있었다. 그리고 그곳에서 눈길을 달리는 내 모습까지 있었다. 모두가 새로웠다. 행복은 멀리 있지 않았다. 내 주변에도 늘 행복이 존재하고 있었다는 걸 발견한 순간이었다.

달리기는 엄마인 내 몸만 살린 게 아니라, 생각도 살려가고 있었다. '#살기위해하는달리기'가 정말 맞았다.

하지만 좋은 일만 있던 것은 아니었다. 어느 날, 새벽에 달리기를 마치고 평소처럼 '#살기위해하는운동'이라는 해시태그를 달았다. 한 지인이 "어디 죽을병 걸렸어요?"라며 댓글을 남겼다.

하루 종일 그 말이 머리를, 아니 마음을 계속 두드렸다. 정말 걱정해서 한 말일까? 하지만 이토록 마음을 불편하게 찌르는 걸 보니 그건 아닐 것 같았다. 처음에는 당혹스러웠지만 계속 생각하니 이유를 알 것 같았다. 함께 같은 또래 아이를 키우며 운동할 여유가 없는 지인에게 내 기록이 불편했을지도 모른다는 걸.

그 일을 계기로 운동 기록만 올리는 계정을 따로 만들었다. 팔로워도 '좋아요' 수도 상관없는, 누구의 눈치도 보지 않고 내 몸과 마음의 기록을 오롯이 담아내는 나만의 작은 운동장.

처음에는 누군가의 불편함을 피하려 만든 계정이었지만, 결과적으로는 참 잘한 일이었다. 운동 기록만 따로 모아둘 수 있다는 건 그 자체로 의미가 있었다. 지금 내 운동이 어디쯤 와 있는지, 예전에는 어땠는지, 아무리 힘든 날에도 어떻게든 뛰었던 날들이 모두 그곳에 고스란히 남아있다.

그 계정은 이제, 팔로워 수와 상관없이 내가 가장 사랑하는 온라인 공간이 되었다.

그리고 이 글을 읽는 당신에게 전하고 싶다. 누구의 눈치도 보지 않고 내딛는 발걸음은 언젠가 당신에게도 분명 힘이 되어 줄 거라는 걸.

자영찌의 팁

나만의 작은 운동장 만들기

1. 솔직한 공간 만들기

운동 기록을 남기고 싶다면, 일상을 담는 주 계정 말고 나만의 운동 계정을 하나 만들어 보세요. 기록이 쌓이는 것만으로도 큰 동기부여가 되고, 누구의 눈치도 보지 않아도 되는 그 공간에서 나 자신에게 조금 더 솔직해질 수 있어요.

2. 기록 꿀팁

해시태그나 하이라이트로 정리해 두면 작은 운동장이 한눈에 보이는 일지로 변합니다. 계정을 비공개로 설정하면 더 편하게, 꾸준히 이어갈 수 있어요.

20

소소하지만
확실한 보상의 힘

교육학을 공부하던 중 '장 의존성'이라는 개념을 접했을 때, 그 단어가 나를 제대로 설명해주는 것 같았다. 장 의존성은 주변 환경의 영향을 많이 받는 성향을 의미한다. 나의 그런 특성을 스스로 알기에, 달리기를 시작할 때부터 러닝크루에 가입해 함께하는 시스템 속에서 운동을 이어갔다. 100세까지 사는 사람들의 비밀을 다룬 프로그램을 시청했는데, 장수의 비결 중 하나가 바로 '혼자가 아닌 활발한 공동체 활동'이었다.

할머니가 되어서까지 함께 운동하는 사이가 되고 싶었던

크루가 휴식기에 들어갔을 때, 갑작스레 혼자가 된 듯한 기분이 들었다. 함께하던 울타리가 사라지자, 나의 의지는 흔들리기 시작했다.

다행히도 의지가 약한 내가 무너지지 않도록 지탱해준 또 다른 울타리가 있었다. 바로 소소한 운동 보상 시스템이었다.

달리기와 관련된 이벤트에 꾸준히 참여했다. 보상을 받으면 기분이 좋았고, 안 받아도 운동을 했다는 사실만으로도 충분했다. 그야말로 밑져야 본전이었다.

그중에서도 '국민 체력 100' 프로그램은 단연 일등공신이었다. 주 3회 3km 이상을 달리면 사이트에 인증할 수 있었고, 회당 1,000원이 적립됐다. '달리기하는데, 1,000원까지 준다고?' 절약에도 진심인 나에게는 운동도 하고 돈도 벌 수 있는 단비 같은 기회였다.

그 무렵 내 달력에는 주 3회 3km 러닝이 빠짐없이 기록되었다. 이토록 규칙적인 달력은 전에도 없었고 후에도 없었다. 내가 장 의존적인 사람임을 다시 한번 실감했다. 이벤트 덕분에

주 3회 이상을 꾸준히 달렸고, 체력은 눈에 띄게 탄탄해졌다.

예상치 못한 수확도 있었다. 이후로는 적어도 3km는 달려야 '운동을 했다'라는 느낌이 들었다. 버겁게 느껴질 때도 있던 3km가 이제는 가벼운 거리로 자리 잡았고, 그 이상을 달리는 것도 자연스러웠다. 런데이 30분 달리기를 성공한 후, 방황하던 나의 러닝 기준점이 확실하게 잡혔다. 국민의 건강을 위해 예산이 이런 식으로 쓰이는 것은 너무나도 옳았다.

런데이 앱에서도 또 다른 보상들이 기다리고 있었다. 매달 '10분 이상의 러닝 10회 성공 시 단백질 음료 증정' 이벤트가 있었다. 단순히 운동한다고 자동 응모되는 건 아니었다. 정해진 양식을 지켜 SNS에 글을 올리고, 해시태그를 달고, 스크린 캡처까지 첨부해야 했다. 꽤 번거로웠지만, 매달 빠짐없이 참여했다.

늘 당첨되는 건 아니었지만 '혹시 받을 수도 있다'라는 기대감이 한 번 더 달리게 했다. 마지막 날까지 10회를 채우지 못했을 때는, 이미 9번 달린 날들을 떠올리며 어떻게든 나가서 한 번을 더 채우곤 했다.

처음에는 전혀 당첨되지 않았지만, 꾸준히 시도하자 단백질 음료를 받는 횟수가 늘어났고 어느새 집에 음료가 하나둘 쌓이기 시작했다. 녹도 운동을 하고 온 후 어느새 그 음료를 함께 마셨다. "영 덕분에 이런 것도 마시네요"라며 나의 달리기를 더욱 응원해주었다.

엄마의 운동은 누가 뭐라 하지 않아도 가족의 눈치를 보게 되는 이상한 영역인데, 이런 보상은 나에게 운동할 명분을 만들어줬다. 내가 운동해서 가족에게도 좋은 걸 준다는 자부심이 생겼다.

보상은 음료만이 아니었다. 신곡 이벤트를 통해, 달리며 요즘 가수들의 노래를 듣고 후기를 남기면 사인 CD나 티셔츠를 받기도 했다. 하지만 그런 물건들보다 반가웠던 건, 요즘 가수들의 노래를 듣는다는 사실 자체였다.

늘 같은 노래만 듣던 내가, 달리기를 통해 요즘 감성을 접하며 '나도 아직 요즘 사람인가?'라는 기분 또한 느꼈다.

운동하면 몸이 건강해지는 것만으로도 충분히 좋은 일인데, 거기에 뭔가를 받기까지 하다니. 내게는 그야말로 '운동 로또' 같았다. 알뜰하게 살림하고 주변 환경의 영향을 많이 받는 장 의존형 인간인 나에게 이보다 더 확실한 동기부여는 없었다.

그런 보상 덕분에 몇 번 더 러닝화를 신고 나가게 된 건, 누군가에겐 하찮아 보일지 몰라도, 내겐 삶을 다시 굴러가게 한 소중한 한 걸음이었다.

앱뿐만 아니라 거주하는 지자체에서도 운동 보상 시스템이 운영되곤 한다. 부모님은 매일 일정 걸음 수 이상을 걸으면 포인트가 적립되는 프로그램에 참여 중이고, 내가 사는 지역 역시 비슷한 방식의 제도가 있었다. 달리다 보면 정해진 걸음 수는 금세 채워져서, 소소하지만 확실한 재미가 되었다.

이밖에도 걸음 수를 기록하면 작은 보상을 주는 만보기 앱을 꾸준히 사용해오고 있다. 누군가는 "그렇게 적은 돈을 모아서 뭐 하냐"고 할지도 모르겠지만, 건강한 걸음으로 얻은 1,000원은 적은 돈이 아니라, '오늘도 나를 위해 애쓰고 건강을 돌봤다'라는 증거가 되는 귀한 보상이다.

　이 작은 보상은 내 몸을 계속 움직이게 하고 달리게 하니, 전혀 작지 않은 힘이다.

　달리기를 사랑하지만 늘 힘들다. 그래서 나는 작은 보상들을 이곳저곳에서 다람쥐의 마음으로 모았다. 보상은 곧 달릴 핑계가 되었고, 핑계는 다시 의지가 되었다. 스스로의 의지가 부족할 때는 혼자서 버티지 않아도 된다.

　의지가 꺼지지 않도록 '그럴듯한 이유'를 만드는 것, 그것도 좋은 방법이다.

　하지만 돌아보니, 결국 가장 큰 보상은 달리기가 익숙해진 몸 그 자체였다. 이제는 러닝크루가 멈췄듯이 보상들이 사라진다고 해도, 멈추지 않을 것이다.

자영씨의 팁

소소한 보상 참여하기

달리기를 습관으로 만들고 싶다면 '내가 좋아하는 보상'부터 찾아보세요. 포인트든, 음료든, 음악이든 좋습니다. 내 몸이 보상을 기억하게 되면, 그건 나만의 동력이 됩니다.

1. 런데이 어플 이벤트 참여
2. 지자체 프로그램 신청
3. 만보기 어플 포인트 적립

작은 보상이 쌓이면, 어느새 달리기 자체가 가장 큰 보상이 됩니다.

21
등산 캐리어가 열어준 엄마의 시간

"등산 캐리어를 메고 다니던 아빠, 그거 앵두 아빠 맞죠?"

그 한마디로, 잊고 지냈던 시간들이 순식간에 떠올랐다.

녹이 육아휴직을 하고 아이 둘을 동시에 돌볼 때 가장 큰 문제는 '공포의 이단 분리'였다. 두 살 터울의 남매는 다른 방향으로 흩어지기 일쑤였고, 어느 한쪽을 챙기면 다른 한쪽이 눈에서 사라졌다. 혼자 아이 둘을 돌보다 보면 긴장과 스트레스가 이어졌다.

아빠에게도 살아남을 육아 레퍼토리가 필요했다. 그러던 어느 날, 녹은 집 한구석에서 '언젠가'를 기다리며 먼지만 쌓여가던 등산 캐리어를 해결책으로 꺼내 들었다. 산에서나 쓸 줄 알았던 그 물건이, 일상 육아의 필수템이 될 줄이야.

첫째와 함께 산을 타고 싶어서 장만한 그 물건으로 아빠는 둘째를 업고 동네를 걷게 되었다.

한때 유모차 거부의 대명사였던 첫째는 어느덧 유모차의 편한 맛을 즐기는 4살이 되었고, 막 걸음마를 시작한 둘째는 유모차는 거부했어도 아빠의 등산 캐리어에서의 동네 구경만큼은 즐겼다. 한 명은 등산 캐리어에 업고, 다른 한 명은 유모차에 태웠다. 그렇게 이 조합은 '이단 분리'를 막아주는 우리 가족의 해답이 되었다.

나 혼자라면 아이 둘과의 반경이 아파트 내로 한정되었겠지만, 녹은 달랐다. 아파트를 벗어났고, 카페 거리를 지나 더 멀리까지 아이들과 나들이를 다녀오곤 했다. 그때마다 녹은 항상 등산 캐리어와 함께였다.

둘째가 8개월 무렵, 원래의 용도대로 아이들과 둘레길을 걷겠다며 부부가 각각 한 명씩을 등산 캐리어에 업고 하루를 걸었다. 돌 전의 아이의 무게에도 어깨가 빠질 듯 아팠던 게 생생했다. 그런데 15개월 차가 된 아이를 업고 다니는 게 아무리 남자여도 힘들지 않을 리 없었다.

"육아를 하루 이틀만 하는 것도 아니고, 그렇게 하면 지속하지 못할 것 같아요." 걱정스레 말하니 "나는 몸이 고생해도 이게 마음이 편해요"라고 녹은 대답했다. 그렇게 녹은 산이 아닌 동네에서 '등산 캐리어를 멘 남자'가 되었다.

전에도 아빠가 아이 둘을 돌보는 것은 같았지만, 등산 캐리어가 주는 시각적 임팩트가 강렬했던 모양이다. 그런 녹을 보고 주변 엄마들은 '대단하다'라고 말했고, 어린이집 선생님들도 칭찬을 아끼지 않았다. 시간이 흘러 녹이 복직한 지 1년이 넘은 어느 날, 한 엄마가 말했다.

"그때 등산 캐리어를 메고 동네를 누비던 아빠요. 그거 앵두 아빠 맞죠? 저희도 그게 뭔지 찾아보고 사려고 고민했잖아요. 그리고 엄마는 대체 뭐 하길래 아빠 혼자 애 둘을 데리고 다니는 지도 궁금했어요."

1년이 지나도 다른 엄마의 눈에 여전히 특이하게 남을 만큼, 등산 캐리어를 멘 아빠의 모습은 강렬했다.

엄마는 결코 할 수 없는 방법으로 아빠는 아이들과의 시간을 늘려갔다. 때로는 아이들의 꼬질꼬질한 얼굴과 파김치가 된 녹을 보며, 나도 가끔 흔들렸다. '무슨 부귀영화를 누리겠다고…' 하지만 이 시간을 잘 견뎌내야 했다.

녹이 혼자 아이 둘과 보내는 시간이 쌓여야, 아빠의 육아력이 자라고 아이들과의 애착도 깊어질 거라 애써 믿었다.

그 모습을 기억하고 있던 건 그 엄마만이 아니었다. 녹이 복직한 지 한참이 지난 어느 날 문득 아이가 장롱 속에 자리하고 있는 등산 캐리어를 보며 물었다. "아빠, 저거 언제 다시 타?" 그 한마디에 나는 울컥했다. 잊었을 거라 여겼던 그 장면을 아이들도 기억하고 있었다.

녹의 어깨 위에서 흘러간 그 시간이 아이들의 마음에도 여전히 남아 있었다는 걸 그제야 깨달았다.

아빠의 육아휴직이 끝난 지도 벌써 2년이 지났다. 육아휴직을 하던 1년 동안에 아빠의 육아력이 비약적으로 성장했고, 엄마의 시간도 완벽하게 보장되었다고 말하고 싶지만, 현실은 그보다 복잡하고 만만치 않았다. 그래도 한 가지는 확실했다.

내가 여전히 '달리는 엄마'로 존재한다는 것. 그건 내 의지만으로 된 일이 아니다.

육아는 체력과 마음, 시간의 삼위일체로 이루어진다. 녹이 짙어졌던 건 단지 아이의 무게만이 아니었다. 그 안에는 내게 내어준 시간, 그 시간으로 기를 수 있었던 체력, 그리고 덤으로 얻은 마음의 평안까지 담겨 있었다.

무거웠던 그의 어깨 덕분에 지금 내 두 다리는 여전히 길을 향해 나아가고 있다.

녹이 등산 캐리어를 메고 다니던 그 장면을 기억하는 이가 아직 있지만, 모두가 잊는 날이 온다 해도, 나만은 끝까지 기억할 것이다.

무거운 캐리어를 짊어지고 동네를 누비던 그의 어깨, 그 위에서 자라던 아이들의 웃음, 그리고 그 시간 덕분에 다시 길을 향해 달릴 수 있었던 나 자신을.

 **자영찌의 팁**

슬기로운 등산 캐리어 사용법

1. 중고로 구매하기

새것보다 중고를 추천해요. 아이마다 편한 제품이 달라, 금세 바꾸게 될 수도 있거든요.

2. 가벼운 게 좋아요

오랜 시간 아이를 업는 거라, 무게가 정말 중요합니다.

3. 등산 외에 일상 산책용으로도 쓸 수 있어요

유모차를 거부하는 아이에게 대안이 됩니다.

4. 세탁 꿀팁

아이 입이 닿는 부분은 수건으로 감싸고, 수건만 자주 세탁하면 훨씬 관리가 편해요.

22
달리기를 지켜준 제도

"애 키우면서 일하는데, 운동할 시간이 있어요? 그럴 체력이 돼요?"

같은 학교에서 비슷한 또래 아이를 키우는 현재진행형의 육아를 하는 동료가 물었다. 양가 부모님의 도움 없이 맞벌이하는 우리 집 상황에서, 엄마가 달리기까지 한다는 건 '불가능해 보이는 일'처럼 보이는 게 맞았다.

하지만 결혼 전에는 늘 실패했던 운동이 오히려 육아 이후 꾸준히 가능했던 건 단순히 내 의지만이 아니라 환경, 그중에서도 제도의 힘이 컸다.

복직 첫해에는 녹이 육아휴직 중이니 아이들 등하원이 걱정 없었다. 그러나 그의 복직이 다가오자 고민이 시작됐다. 정부 지원 아이돌봄 서비스로 등하원 도우미를 쓴다고 해도 금액 부담이 컸다. 다행히 내가 일을 하면서도 아이들 등하원까지 모두 할 수 있는 방법을 찾았다. 바로 '시간선택제 근무'였다.

공무원에게 먼저 도입된 이 제도는 근무 시간이 절반으로 줄어드는 만큼 월급도 절반으로 줄지만, 출퇴근 시간도 함께 조정할 수 있어서 육아와 일을 병행하는 부모들에게 유용한 장치였다. 이 제도 덕분에 나도 걱정에만 머무르지 않고, 부모이자 일하는 사람으로 두 자리에 모두 설 수 있었다.

물론 쉽지만은 않았다. 2인 1조의 한 팀을 만들어야 신청할 수 있는 제도라 짝꿍 교사가 필요했는데, 우리 학교에는 함께 할 짝꿍이 없었다. 게다가 월급이 반으로 줄어도 공무원 연금은 그대로 내야 해서 실제 수입은 반보다 더 줄어들었다. 그럼에도 아이들의 등하원을 직접 챙기고 싶다는 마음 하나로 신청했다.

다행히 다른 학교에서 신청한 선생님과 짝꿍으로 매칭이 되었고, 그 선생님이 내가 근무하는 학교로 이동해 오면서, 나는 주 3일 출근·주 2일 휴무라는 새로운 리듬을 얻었다.

아침은 늘 전쟁이었다. 아이들 등원 시간과 겹치는 1교시 이후, 2교시 수업에 맞춰 출근하는 걸로 시간을 조정했다. 둘째를 먼저 어린이집에 데려다주고, 첫째를 유치원 버스에 태운 뒤 출근하는 하루는 늘 숨 가빴다. 엄마 마음은 다급해도 아이들은 느릿느릿 아침을 먹고, 천천히 옷을 갈아입고, 양치를 한다 안 한다 말하며 겨우 양치를 했다. 아이들도 울고 나도 울며, 한 명은 안고 한 명은 질질 끌며 버스를 향해 달리던 날도 있었다.

그렇게 1년을 카운트 다운이 이어지는 시간 속에 살다보니, 그해 말에는 평소 내 안에 자리하고 있다는 걸 인식하지 못했던 심장이 보내는 버거운 신호가 저릿하게 느껴졌다.

그럼에도 이 시간을 오롯이 마주한 덕분에, 아이를 키우며 일을 병행하며 살아가는 이들의 삶의 무게가 얼마나 큰 지 온몸으로 공감할 수 있었다. 남에게 아이를 맡기고 물질을 하던 해녀들의 심정에 공감하며 나 또한 나만의 '이어도사나' 노래를 불러가는 중이었다.

이 처절한 시간 덕에 아이들과의 애정은 깊어졌고, 무엇보다 출근을 하지 않는 날에는 '등원 후 달리기'라는 루틴이 생겼다. 아이를 보내고 집으로 돌아오면 집안일에 파묻혀 운동할 시간을 내기 힘들었기 때문이다. 주 5일 근무였다면 이런 일상도, 엄마의 달리기도 결코 만나지 못했을 것이다.

한창 어린아이들뿐 아니라, 엄마인 내 삶까지 함께 돌볼 수 있게 해준 결정적 출발이었다.

그런데 다음 해에는 시간선택제 근무를 하기가 까다로워졌다. 전에는 같은 학교에 짝이 없어도 다른 학교 교사와 매칭을 해줬던 것과는 달리, 이제는 같은 학교에서 함께 일하는 짝꿍 교사가 있어야만 신청이 가능해졌다. 시간선택제를 했음에도 일과 육아를 병행하며 몸의 무리를 느껴오던 터라 오롯이 일하는 것은 엄두가 안 나서 육아휴직을 신청했다.

육아휴직이 확정되기 전, 뜻밖에 동료 교사가 먼저 다가와 "선생님, 내년에 우리 같이 시간선택제 해요"라며 손을 내밀었다. 덕분에 2년 연속으로 이 제도를 사용할 수 있게 되었다.

두 해를 이어 쓰다 보니 요일 배치에도 요령이 생겼다. 첫해에는 월·화·수에 근무했지만, 두 번째 해에는 화·수·목 근무를 했다. 이는 월요일과 금요일에 일하지 않는 것을 의미했다. 덕분에 주말에 아이들과 마음껏 놀고 난 뒤 월요일의 하루를 숨을 고르며 보냈고, 평일의 마지막인 금요일에는 먼저 하루 쉬며 주말을 위해 예열을 할 수 있었다.

이 리듬은 우리 가족에게 작은 혁명이나 다름없었다.

일을 쉬는 월, 금에는 내가 등원을 맡았고, 근무가 있는 화, 수, 목에는 녹이 아이들을 등원시킨 후 출근했다. 녹은 회사의 유연근무제를 활용해 1시간 늦게 출근하고, 1시간 늦게 퇴근할 수 있었다. 하원 후 육아는 대부분 내 몫이었지만, '육아시간' 제도를 사용했다.

이 제도는 자녀가 초등학교 2학년 때까지 36개월에 한해

하루 근무 시간을 2시간 단축할 수 있다. 덕분에 정규 퇴근 시간보다 일찍 퇴근해 잠시 숨을 고른 뒤 아이들을 맞이할 수 있었다.

만약 이런 장치들이 없었다면, 일하면서 아이들 육아를 병행하는 것만으로 벅차 운동은 꿈도 못 꿨을지도 모른다. 그러나 시간선택제가 선물한 '엄마의 시간'은 아이를 돌보면서도 내 몸과 마음을 지킬 여유를 주었다.

달리는 엄마는 단순히 의지로만 버틴 게 아니다. 사회적 제도, 가족이 함께 짊어지는 역할, 몸과 마음을 회복시키는 운동. 세 박자가 맞아떨어져 가능한 삶이었다.

초임 교사 시절 만났던 한 선배가 떠올랐다. 그때는 지금처럼 육아 제도가 부족했다. 아이들이 어릴 때 선배는 의원면직을 하며 교사를 그만둔 뒤, 아이들이 어느 정도 자라자 다시 임용고시를 치러 교단으로 돌아왔다. 이런 제도가 없었다면 나 역시 같은 길을 걸어야 했을지도 모른다.

일과 육아의 두 물살을 함께 헤치면서도 '엄마의 시간'도 돌보려는 이들이, 이런 제도를 자유롭게 누리며 부모의 삶을 이어가길 바란다. 공무원이나 교사가 아니어도 더 많은 이들이 이용할 수 있도록 제도가 확대되길 바란다. 그런데 현실은 '저출산을 막겠다'는 사회적 슬로건과 묘하게 어긋난다.

하지만 나는 안다. 부모를 지켜주는 작은 제도가 아이들을 지켜내는 가장 넓고 든든한 울타리임을. 그 울타리 안에서야 비로소 아이들이 안심하고, 부모도 다시 숨을 고르며 살아갈 수 있음을.

자영찌의 팁

시간선택제에 대하여

1. 근무시간

시간선택제 교사는 주 40시간의 절반인 20시간을 근무하며, 수업 시수는 주 최대 14시간까지 부여받습니다.

2. 월급

본봉의 절반을 지급받으며, 각종 수당도 근무 시간에 따라 조정됩니다.

3. 경력 산정

경력은 근무 시간에 비례해 인정되지만, 공무원 연금은 전일제 교사와 동일한 수준으로 납부해야 합니다.

4. 신청 방식

대부분 지역에서는 같은 학교 내에서 짝꿍 교사와 팀을 이루어 신청해야 하며, 학교 규모가 작은 경우에는 다른 학교 교사와 매칭하기도 합니다.

5. 비슷한 제도

일반 공무원이나 민간 기업에서는 '유연근무제'라는 이름으로 유사한 제도를 운영하고 있습니다.

23

틈을 달려 도착한 하프

하프 마라톤을 신청했다고 '엄마라는 현실' 속에서 달리기를 준비할 시간과 체력이 갑자기 생길 리 없었다. 대신 일하는 날에는 출근런, 퇴근런을 했다. 출근 시간을 맞추기 위해 출근런은 자연스레 페이스가 빨라졌고, 힘겹던 퇴근런도 대회가 다가올수록 꾸준히 챙기게 되었다.

    이 10분 남짓한 짧은 시간도, 쌓이니 큰 힘이 되는 게 느껴졌다. 짧은 러닝을 위해 수건과 갈아입을 옷을 챙기는 번거로움이 따랐지만, 반대로 그 꾸준함 덕분에 언덕도 비 오는 날도 두렵지 않았다.

시간선택제를 하며 출근하지 않는 평일에는 5~6km 정도를, 주말에는 큰마음을 먹고 10km를 몇 차례 달렸다. 나의 달리기에 믿음이 쌓였지만 하프 마라톤에는 여전히 의심이 남아 있었다. 스스로에 대한 확신을 찾고 싶어 주말에 장거리 달리기를 결심했다.

집에서 내 발로 닿을 수 있으리라 상상조차 못했던 서울숲. 그곳까지 17km를 달려 도착했다. 숲이 주는 기운 덕분이었을까. 아니면 그 순간 유독 예쁘게 들려오던 새들의 지저귐 때문일까. 여전히 21.1km을 넘겨본 적이 없어도, 내 달리기에 대한 믿음은 차올랐다.

하프 마라톤의 날이 다가왔다. 지난 대회는 혼자 달렸지만, 사람들 틈에 섞여 달리니 묘한 연대감이 있었다. 다만 출발 전후로 함께 온 이들이 서로를 응원하는 모습은 살짝 부러웠다. '나도 같이 달릴 사람이 있으면 좋겠다' 싶어, 용기 내 인스타그램에 "함께 달릴 분 있을까요?" 하고 올렸다. 하트만 달리고 응답은 없었지만, 혼잣말로 끝나도 괜찮았다. 깊어지려면 필요한 용기였으니.

다행히 글쓰기 모임의 한 분이 내 작은 외침을 그냥 지나치지 않았다. 오히려 다른 모임원에게 "같이 달려보는 건 어때요?" 하고 제안해주셨다. 그렇게 5명이 모였고, 출발 전의 설렘을 함께 나눌 이들이 생겼다. 작년에도 함께 달렸던 한 분이 "작년보다 훨씬 건강해 보이네요"라고 해주셨.

순간, 짧아도 꾸준히 달린 시간이 겉으로도 드러났구나 싶어, 출발 전부터 이미 뿌듯했다.

짐을 맡기느라 공식 준비운동은 놓쳤지만, 괜찮았다. 다섯 명이 동그랗게 서서 몸을 풀기 시작했다. 내가 동작 구호를 외치면서 먼저 보여주자 모두가 따라 했고, 그 순간을 이끄는 사람이 되어 있었다. 전체적으로 가볍게 푼 뒤, 다리를 집중적으로 스트레칭을 했다. 혼자였으면 몇 동작만 하고 말았을 텐데, 함께하니 더 꼼꼼해졌다. "준비운동 알려주셔서 감사해요"라는 말을 들으며 출발선으로 향했다.

약한 체력으로 출발했던 내가, 준비운동을 이끄는 사람이 되다니. 그 사실이 뭉클했다.

나처럼 하프에 처음 도전한 언니와 나란히 달리기를 시작했지만, 5km쯤 되자 각자의 페이스대로 흩어졌다. 함께 달리지 않아도, 서로의 상황과 리듬을 이해하며, 마음은 여전히 이어져 있음을 느꼈다.

이전 마라톤에서는 나만의 페이서를 찾느라 두리번거렸지만, 이번에는 달랐다. 누구에게도 의존하지 않고, 오롯이 내 페이스에만 집중했다. 평소처럼 한 발 한 발 움직이는 내 몸의 흐름에만 집중했다. 연한 연두에서 초록으로 막 물들기 시작한 5월의 나무는 싱그러웠고, 열심히 달리는 사람들의 모습은 그 자체로 아름다웠다. 하프라는 거리보다 눈앞의 풍경과 순간순간에 집중했다.

달리는 동안 많은 얼굴들이 스쳐 갔다. 내 인생의 마지막 순간에도 이런 얼굴들이 압축적으로 지나가지 않을까. 평소엔 바쁘다는 이유로 흘려보냈던 사람들, 감정들, 순간들이 달리기

속에서 선명히 다가왔다. 평소보다 긴 거리를 달려서 몸이 버거웠지만, 숨이 막히지는 않았다.

또 한 번 확신이 들었다. 마라톤은 결국 내 몸으로 정직하게 쌓아온 기록이라는 것을. 오래 달리진 않았더라도, 멈추지 않고 이어온 그 모든 달리기가 내 안에 고스란히 살아있었다.

고비는 있었다. 18km 즈음, 걷기 시작하는 사람들이 하나둘 늘어나며 나 역시 페이스가 걷는 것과 다를 바 없이 느려졌다. 하지만 완전히 걸을 정도는 아니었다. 그렇다면, 계속 뛰자.

사실 다리의 무거움보다도, 걷는 무리 속에서 홀로 달리기를 이어가는 마음이 더 어려웠다. '잠깐 걷는 게 뭐 어때?' 속삭이는 마음과 싸우며, 마지막 오르막길에서도 발을 멈추지 않고 발을 잘게 뛰었다.

멀리 결승선이 보였다. 그동안 햇살을 가려주던 가로수 그늘이 사라지고, 넓은 공원의 햇빛을 온몸을 고스란히 받자 기운이 쭉 빠졌다. 그 순간, 길 한복판에 단단히 서 있는 헌병 한

명이 눈에 들어왔다. 더운 날씨에도 긴 팔에 흰 면장갑을 낀 그가 절도 있게 호루라기를 불고, 지나가는 러너 한 명 한 명과 하이파이브를 나누고 있었다.

'나도 저기까지 달려가서 하이파이브 받아야지.' 그 생각 하나로 다시 힘을 냈다. 마침내 손바닥이 맞닿는 순간, 마치 물을 마신 것처럼 에너지가 되살아났다. 그 기세를 타고 마지막 구간은 전력 질주로 달렸다.

나는 해냈다. 혼자였지만, 또 함께였다.

꿈꾸던 기록 안에 들지는 못했지만, 그런 숫자는 전혀 중요하지 않았다. 무리 없이 완주한 발목, 걷고 싶다는 마음을 이겨 낸 나, 결승선을 향해 웃으며 들어설 수 있었던 여유, 완주 후 주저앉지 않는 체력. 그 모든 게 기록 그 이상이었다.

언젠가 하프를 뛸 수 있을 만큼 체력이 쌓이면 발목도 좋아질 거라고 했던 달리는 의사 선생님의 말씀이 떠올랐다. 정말 그랬다. 습관처럼 자주 삐었던 내 발목이, 마지막까지 버텨주었다. 무엇보다 이 달리기는 단번에 해낸 게 아니었다. 빠른 속도도, 긴 거리를 달려온 것도 아니었다. 그저 천천히, 3년을 멈추지 않았기에 만날 수 있었던 결과였다.

하프라는 벽은 한때 너무 높아 보였지만, 이제는 안다. 앞으로도 이 벽을 계속 두드리며 살아가리라는 걸.
누가 알까. 이렇게 천천히 쌓아가다 보면, 언젠가는 풀코스에도 도전할 수 있을지 모른다.

저마다의 달리기를 마친 뒤, 마라톤 동지들과 다시 마주했다. 출발 전까지만 해도 스스로를 의심하던 얼굴들이 한결 밝아져 있었다. 같은 공간에서 땀을 흘렸다는 이유 하나만으로, 서로의 달리기를 깊이 느꼈다. 무엇보다 사진이 남는 것은 더 좋은 일이었다.
달릴 때는 덥기만 했던 화창한 햇살이, 사진 속에서는 모든 컷을 눈부시게 만들었다.

완주의 여운을 안고, 점심을 함께하며 한참 이야기를 나누었다. 그때였다. 한 분이 조용히, 하지만 지긋이 나를 보다가 불쑥 말했다.

"자영 님, 크롭티 입은 것 사진 하나만 찍어도 돼요? 자극 받으려고요."

완벽한 몸매는 아니었지만 약간의 복근이 드러난 모습. 내가 누군가에게 자극이 되는 몸을 갖다니. 다른 분도 얘기했다.

"상체만 보고는 몰랐는데, 하체가 탄탄하네요."

순식간에 몸매 역변의 아이콘이 되었다. 쑥스러웠지만, 기뻤다. 달리기로 달라진 내가 누군가의 동기부여가 된다면, 그야말로 최고의 반전 아닌가.

달리기하며 엄마가 반나절을 보내는 동안, 아이들은 아빠와 신나게 하루를 불태운 듯했다. 집에 돌아오니 아이들과 녹 모두 깊은 낮잠에 빠져 있었다. 덕분에 조용히 먼저 깬 녹과 첫 하프 완주의 소감을 나눴다. 나를 달리는 사람으로 꾸준히 있게 해준 녹. 그리고 그런 아빠를 믿고 따르는 아이들 덕분에, 나는 죄책감 없이 엄마의 반나절을 보낼 수 있었다.

그 하루, 나를 긍정하는 마음을 단단히 쌓았다. 그리고 그 마음으로, 나는 다시 가족 속으로 기꺼이 돌아왔다.

 **자영찌의 팁**

틈틈이 러닝 루틴 만드는 법

달릴 시간을 따로 내기 힘든 날엔, 틈새 시간을 러닝 시간으로 바꿔보세요. 작은 시간이 쌓여 결국 하프 마라톤까지 이어지는 체력이 됩니다.

1. **택배런** : 택배 부치러 가는 길을 러닝으로.

2. **출근런·퇴근런** : 출근길, 퇴근길에 짧게 달리기. 이동 시간도 절약돼요.

3. **등원런·하원런** : 아이 등·하원길에 곧바로 러닝하기.

Tip 땀이 많이 나지 않을 정도로 천천히 달리세요.

Part 5

이제
나로 달린다

달리기를 권하는
진짜 이유

달리기 3년 차, 내 몸과 마음이 건강해졌지만, 달리기가 준 더 좋은 선물이 있다.

    2년 넘게 육아 품앗이를 하는 육아 동지가 있었다. 아이 육아에서 뜻이 맞아서 친구가 되었는데, 나의 달리기 기록을 보고서는 말없이 내가 하던 러닝크루를 신청했다. 어제의 육아 동지가 오늘의 러닝메이트가 된 것이다.

    이 동네에 산 지 10년, 성인이 된 뒤 이사 온 이곳에서 늘 소망하던 동네 친구가 드디어 생겼다. 그것도 달리기까지 함께 하는 친구라니. 친구는 주말에도 남편이 일해 시간을 내기 더 어려웠지만, 아이를 재운 뒤 밤에 달리거나 새벽을 택했다. 한 달에 한 번 있는 주말 러닝 모임에는 가족에게 SOS를 치면서 달리기를 놓지 않았다.

우리는 새벽 5시에 "오늘 달릴래?"라고 물을 수 있는 사이가 되었고, 10km 도전에 겁이 났을 때 함께 신청해 서로의 페이서가 되어 주기도 했다. 지금은 이사 와서 동네가 달라져도, 같은 대회에 참가하지 못해도 서로의 달리기 소식을 보면서 내 일처럼 기뻐해 주는 사이로 남아 있다.

여기까지 읽고 눈치챘을까. 내가 달리기를 권하는 진짜 이유는, 달리기로 동네 친구이자 인생 친구를 만날 수 있다는 점이다.

그토록 바라던 동네 친구와 달리기를 하다 보니, 만난 지 1년도 안 되어 둘도 없는 인생 친구가 되어 있었다. 달리기를 하지 않았다면, 아마 아이 육아할 때만 잠깐 만나다 아이가 자라면서 멀어졌을지도 모른다. 하지만 우리는 서로 땀내 나는 모습을 보며, 달리며 깔깔대고 힘겨울 때는 북돋우며, 아이처럼 마음을 주고받는 친구가 되었다.

어른이 되어서는 이런 사귐을 할 수 없을 거라 생각했는데, 인생은 언제나 내 예상 너머에 있었다.

얼마 전, 아이 셋을 키우며 해외에서 박사과정을 시작한 친구에게 달리기를 권했다. "그곳에서 달리기 너무 좋을 것 같은데?"라며 달리기를 추천했다. 살림을 알뜰살뜰 챙기는 친구라, 런데이 앱의 '달리기 콩고물'을 소개해줬다. 단백질 음료, 영화표, 음료 쿠폰… 자잘한 보상이 동기부여가 되었을 수도 있지만, 사실 이런 콩고물보다 필요한 건 따로 있었을 것이다.

해외에서 낯선 공부와 생활에 때로는 지치고 젊은 친구들과의 속도 차이 앞에서 마음이 흔들릴 때, 스스로 붙잡을 운동이 필요했던 시기였을 테니까.

"달리기 광신도 임자의 말을 믿어 보겠어."
"응. 달리기는 자신 있게 추천할 수 있어. 절대 후회 안 할 거야. 박사과정도 달리기로 훨씬 수월해질 거야."

그 말대로 친구는 지금도 꾸준히 달리고 있다. 친구에게 달리기를 전도해놓고는 내가 안 할 수가 없어서, 나 역시 더 열정적으로 달리며 서로 달리기 기록과 글귀를 주고받았다. 달리기가 뇌와 학업에 도움이 된다는 책 문장을 만나면 제일 먼저 떠오르는 건 친구였다.

한때는 가장 친한 친구였지만, 나이가 들며 생활 반경이 달라지고, 해외로 떠나 점점 멀어질 것 같았다. 그런데 달리기를 함께 하니, 서로 나라가 달라도 다시 가까워졌다. 언젠가 친구가 사는 나라에서 함께 마라톤을 달릴지도 모를 일이다.

달리기는 이렇게 얽히고설켜 관계를 깊게 한다. 새 친구가 생기는 것도, 오랜 친구가 다시 인생 친구가 되는 것도 모두 기쁘다.

그게 내가 달리기를 이어가고 권하는 진짜 이유다.

건강 체질이라는 오해

아이 둘을 키우다 보니 나를 위한 소비는 자연스레 줄어들었다. 가장 먼저 소비를 줄이게 된 건 '내 옷'이었다. 달리기를 시작한 지 몇 년이 되었어도, 러닝을 위해 따로 옷을 산 건 거의 없었다. 겨울 러닝은 얇은 흰색 롱패딩과 함께했다. 무릎 아래까지 감싸는 롱패딩을 입고 달리니 보폭은 줄었지만, 충분히 가볍고 따뜻했다.

겨울에 러닝을 시작했고, 그다음 겨울을 맞이했음에도 여전히 따로 겨울 러닝복 하나 장만하지 않고, 세탁을 반복하다

보니 새하얗던 옷이 점점 잿빛이 되어 갔지만 롱패딩 하나로도 겨울 바람을 뚫기에는 손색이 없었다.

하지만 그 모습이 안쓰러웠던 걸까. 선뜻 사지 못할 겨울 트레이닝복을 동생이 생일 선물로 사줬다. 검정을 받았지만, 새벽에 달릴 땐 눈에 잘 띄는 옷이 더 안전하다는 생각이 들었다.

아니, 사실은 '세상에 같은 화이트는 없다'고 여기는 화이트 덕후라서, 지금의 롱패딩이 잿빛이 되어가는 것도 잊은 채 매장에 흰색 트레이닝복이 있는지 전화로 수소문해가면서까지 바꿨다.

얇지만 안감에 거위털이 있어서, 추운 겨울에도 러닝을 하다 보면 몸이 금방 데워져서 운동하며 입기에는 적당했다. 무엇보다 롱패딩에서 벗어나 상의가 따로 생기니, 달릴 때 보폭에 제한이 없어서 좋았다. 단숨에 겨울에 늘 함께하는 러닝메이트가 되었다.

물론 흰색이라 때가 잘 타서 자주 빨아야 하는 것이 귀찮았지만, '제대로 된 겨울 러닝복'이 하나 생겼다는 사실은 한동안 새롭게 달리기를 계속할 핑계가 되어 주었다.

칼바람이 불어 볼이 유독 추웠던 겨울날, 유치원 버스를 기다리는 아이들과 함께 나온 엄마들 모두 두툼한 패딩을 입고도 "춥다, 추워"를 자기도 모르게 자꾸 입 밖으로 내뱉게 되는 날씨였다. 하지만 나는 여느 날처럼 얇은 러닝 복장 그대로 버스를 기다리고 있었다. 가만히 서서 유치원 버스를 기다리고 있자니, 그 옷은 꽤, 사실은 너무 추웠다.

그렇게 입고 나가도 다른 사람들이 별로 신경을 안 쓸 줄 알았다. 그런데 매번 그렇게 얇은 운동복을 입고 나가서일까. 평소 내게 질문이라고는 한 적이 없는 점잖은 어머니 한 분이 갑자기 질문을 했다.

"자영 씨는 추위를 안 타요?"
"아뇨, 저 추위 엄청나게 타요. 지금도 엄청나게 추워요."
"그런데 왜 그렇게 얇게 입고 나왔어요?"
"애들 등원하고 바로 달리러 가려고요. 집에 한 번 들어가면 다시 나오기가 힘들어서요."

그동안 얇은 옷을 입는 나를 보고 '추위를 안 타는 건강 체질'로 오해했다니 웃겼다. 당연히 운동하려고 입고 나온 줄 알 거로 생각했다.

겨울을 지날 때마다 꼬박꼬박 한 번은 꼭 지독하게 감기를 앓는 약골이었던 내가, 추위를 안 타는 사람으로 보였다니. 러닝을 시작한 후로 연례행사처럼 겪던 지독한 몸살 감기에서 졸업했음에도 여전히 추위는 잘 타서 덜덜 떤다. 그런데 달리기 때문에 생긴 그 오해가 웃기면서도 묘하게 기분이 좋았다.

서로 이 상황이 웃겼나 보다. 그분과 처음으로 함께 크게 웃었다. 오해 덕분에 사람 사이의 온도를 느끼며 조금 따뜻해졌다.

오해를 뒤로하며 첫째를 버스에 태운 후, 둘째를 이어서 어린이집에 데려다주었다. 막 달리러 가려고 러닝 앱을 켜는 참이었다. 이번에는 출근 중이던 어린이집 선생님과 마주쳤다. 늦어서 서둘러 오시다가 나를 보고는 길 한복판에 멈춰서서 경악에 가까운 표정으로 물으셨다.

"어머니! 안 추우세요?"
"아. 추워요. 그런데 달리면 금방 따뜻해져요."

이렇게 두 번이나 비슷한 질문을 받고 다니, 정말 내가 겨울에 추위라곤 잘 못 느끼는 건강 체질로 보였을지도 모르겠다. 실상은 체력이 부족해서 그걸 키우려 늘 애쓰는 사람일 뿐인데 말이다. 그런데 달리기 덕분에 사게 된 그 오해가 싫지 않았다.

'이런 오해가 언젠가 진실이 될 수 있을까.'

그 후로도 겨울의 추운 날씨는 계속되었다. 그래도 여전히 나는 얇은 운동복만을 겉에 걸치고 남은 겨울을 달리기 위해 나섰다.
오해가 진실이 되는 날이 올 때까지 느려도 달리기를 멈추지 않는 사람이 되어야겠다고 마음을 먹고 말이다.

 **자영찌의 팁**

러닝복 고르기

- 흰색 운동복은 때가 잘 타는 단점이 있지만, 그게 바로 장점이 될 수 있어요. 새벽이나 밤에 달릴 때 시인성이 높아 안전에 도움이 됩니다.

- 한 벌밖에 없다면 색상 선택이 중요합니다. 흰색이나 밝은 계열은 눈에 잘 띄어 차나 사람에게 잘 인식돼요.

- 자주 빨아야 하니 세탁이 쉬운 소재를 고르고, 건조가 빠른 기능성 원단이 좋아요.

- 무엇보다 중요한 건 장비보다 꾸준함. 단벌이어도 충분히 달릴 수 있어요.

26

동료에게
달린다고 말하기까지

"애만 키우는 줄 알았는데."

　복직 후, 첫 회식이었다. 계산이 끝나길 기다리고 있는데, 교감 선생님이 옆으로 슬며시 와서 말을 건넸다. 공개수업 후 협의회 겸 회식 자리였다. 코로나로 모임이 끊기고 임신과 출산까지 지나온 끝에, 가족 말고 다른 어른들과 함께하는 식사 자리는 무려 4년 만이었다.

아이를 키우는 건, 아이의 세계가 넓어지는 곁에서 나도 유년을 다시 겪듯 함께 성장하는 날들이었다. 그럼에도 오랜만에 직장 회식 자리에 앉으니 또 다른 세계와 연결된 듯한 설렘이 밀려왔다. 술 한 모금 없이도 사람들과 어울리는 공기만으로 살짝 취한 기분이었다. 말주변도 없고 술도 못 마시는, 사회생활 치트키와는 거리가 먼 내향인이지만, 이번만큼은 회식 자리가 반가웠다. 육아휴직 중인 녹에게 미리 늦는다고 양해를 구하고 회식에 참여했다.

회식의 로망은 식사를 시작하며 금세 사그라들었지만, 어른 사람들과 함께하는 이런 자리가 고팠기 때문일까 결혼 전처럼 마냥 불편하지만은 않았다. 누군가 얼마 전 카톡 프로필 사진으로 올린 달리기 장면을 보고는 "자영 쌤, 마라톤 해요?"라고 물었다.

그냥 예의상 물어봤을 뿐일지도 모르는데, 그 질문을 듣고는 신이 나서 대답했다. "네, 저 이번에 처음으로 마라톤 10km를 달렸어요. 그런데 글쎄 비가 와서 우중런을 했지 뭐예요." 10km를 1시간 12분에 들어 왔다고 말하니, 마라톤 경험이 있으신 분이 "그 정도면 빠른데?"라며 아는 체를 해주셨다.

워낙 운동과는 거리가 멀게 생긴 사람이 그것도 애들도 어리다는 데 막 복직을 해서는 마라톤을 했다니, 놀라워했다.

"애들이 어린데, 언제 달리기를 해요?"라는 질문에 "출근하기 전에 새벽에 달리고 와요"라고 하니, 또 한 번 놀랐다. 딱히 반전 없어 보이는 아이를 둔 엄마의 삶에 반전이 등장한 것이다.

엄마의 운동이 도화선이 되어 저마다의 마라톤 추억과 운동 이야기가 이어졌다. 나만큼이나 운동에 진심이신 한 선생님의 왕년의 마라톤 이야기에 공감했다.

내가 이런 자리를 즐기다니! 그동안은 있는 듯 없는 듯 병풍처럼 앉아 맞장구만 치고 정작 나는 없던 회식 자리에서, 그날은 내 마라톤이 대화의 도화선이 되었다. 달리기가 나의 성격 아니, 사회생활까지 윤택하게 바꿔주고 있었다.

식사가 끝나 계산을 기다리고 있었다. 교감 선생님이 인

사이동으로 오신 지 얼마 안 되셔서 내 얼굴도 잘 모르셨을 때였다. 갑자기 내 옆으로 쓰윽 오시더니 "애만 키우는 줄 알았는데"라며 한 마디와 함께 감탄의 눈빛을 건네셨다.

불과 일주일 전, 아이들 병원 진료 때문에 자녀 돌봄 휴가를 쓰겠다고 복무 상담을 하며 겨우 안면을 튼 사이였다. 그분께 나는 오직 '아이 키우는 엄마 교사'였을 뿐이었다. 그런데 한 주 뒤에 '달리는 사람'이라는 인식이 추가된 게, 업무로 인정받은 것도 아닌데 왜 그리 기분이 좋았을까.

학교에서 받았던 눈빛 중 내 마음에 가장 깊이 남아 있던 건 몇 년 전의 것이었다. 학생에게 폭행을 당해 교권 보호 대상이 되었을 때, 사죄하는 학생도 죄송해하던 보호자도 아닌, 전 교감 선생님의 눈빛이었다. 선배이자 동료의 시린 시선을 마주한 순간, 나는 더 깊이 무너졌다.

시간이 흘러, 지금의 교감 선생님을 통해 전혀 다른 눈빛을 만났다. 나를 믿고 바라보며 놀라워하는 그 눈빛이 오래된 기억을 덮었다.

그분은 그 말을 했다는 것조차 이제는 기억하지 못하겠지만, 가볍게 툭 던진 그 한마디는 나도 몰랐던 응어리를 풀어낸 위로가 되었다.

무심코 던진 돌에 개구리는 맞아 죽는다지만, 나는 무심코 던져진 말에 살아난 개구리가 되었다.

달리기한다고 내뱉은 말은 족쇄이자 날개가 되었다. 누가 검사하는 것도 아니건만, 회식에서 던진 말에 떳떳하고 싶었다. 그 마음은 출근 전 도저히 몸이 안 일으켜지는 날에도 새벽을 뚫고 나가게 했다.

그렇게 달리고 난 날의 뿌듯함은 나를 긍정으로 채웠다. 그 기운은 아이들뿐 아니라 제자와 동료 교사들에게까지 번져 갔다.

27
혼잣말이
대화로 바뀌는 순간

"할머니가 되어서도 달리는 사람으로 남는 것."
그게 내 달리기의 유일한 목표다.

그 꿈을 위해, 달리기를 처음 시작하게 해준 런데이 달력에 발자국을 쌓아가고 있다. 하루하루 이어온 발자국이 어느새 나를 설명해주는 가장 솔직한 말이 되어가고 있다. 그래서 3월 첫날, 교실에서도 학생들에게 내가 달리는 사람임을 알렸다.
김애란 작가의 소설 제목이기도 한 '이중 하나는 거짓말'

게임으로 말이다. 네 가지 사실을 말하고, 그중 어떤 하나가 거짓인지를 맞히게 했다. 아이들은 "영어를 좋아한다"는 건 쉽게 맞혔지만, "10km를 거뜬히 달린다"는 말에는 가장 많은 오답을 냈다. 아무리 운동을 해도 여전히 10km를 거뜬히 달리는 사람처럼 보이지 않을지라도, 꾸준히 달리고 있음을 학생들에게도 고백했다.

그렇게 처음으로 학생들에게 러너로서의 정체성을 고백한 그달, '런데이 더 러너스 프로젝트' 공지가 눈에 들어왔다. 최근 3개월 100km 이상 달리며, 달리기로 삶이 변한 러너들의 이야기를 모아 책으로 엮는 인터뷰 프로젝트였다.

처음에는 '살기 위한 달리기'라며 달렸는데, 정말로 달리다 보니 살만한 인생이 되어가고 있다. 그래서 누군가에게 전하고 싶었다. 하지만 '내 소박한 달리기가 다른 사람에게 닿을 수 있을까' 망설여졌다.

달리기 경력 3년, 여전히 느린 속도로 틈틈이 달려왔다. 이 프로젝트를 신청할 때는 10km 완주 경험이 전부였다. 내가 자격이 있을지 스스로를 검열했다. 익숙한 '스스로를 한계짓는 목소리'였다. 더 이상 고민할 수 없는 신청 마감일이 되서야 '도전도 안 해보고 포기한다면, 후회하지 않을까?' 그 생각 하나로 다른 걸 더 따지지 않게 됐다.

답변을 쓰는 과정에서 그동안 나에게 묻지 않았던 질문들을 되새겼고, 화려한 기록 없이도 도전했다는 사실이 대견했다.

며칠 뒤, 아이들에게 저녁을 차려주다가 1차 인터뷰 선정 문자를 받았다. 너무 아프면 아프다는 비명조차 지르지 못하듯, 그 순간 너무 기뻐서 오히려 아무 말도 못 했다. 처음에는 마냥 기뻤지만, 1차 인터뷰 날이 다가올수록 걱정이 되었다.

말보다 글의 인간인 나로서는, 그간 입시나 면접에서 실수했던 장면들이 파노라마처럼 스쳤다. 질문을 미리 정리하고 대답을 연습하는 준비가 필요했지만, 정작 인터뷰 날에 내가 한 준비는 아이들의 하루를 잘 마무리해주는 일이었다.

놀이터에서 실컷 놀려 기분을 좋게 하고, 저녁을 알맞은 때에 먹인 뒤, 간식과 함께 영상을 틀어주고 나서야 겨우 컴퓨터를 켰다. 시계를 보니 인터뷰 5분 전. 달리기만큼이나 '엄마의 인터뷰'도 틈새에서 이루어졌다.

아이들과 함께 인터뷰를 할 수 있다는 사실만으로도 감사했다. 손이 많이 가던 두 아이가 조금씩 자라 엄마에게 시간을 내어주는 이때, 이야기를 들려줄 기회를 얻다니. 인터뷰에서 나의 진심은 곧바로 전달되기보다 어딘가로 흩어질 때도 있었지만, 후회는 없었다. 인터뷰가 끝난 뒤 곧바로 몸살이 올 정도로 마음을 다 쏟았다.

며칠 뒤, 또 아이들과 저녁을 먹고 있을 때 최종 인터뷰이 10명으로 선정되었다는 연락을 받았다. 평소 감정 표현이 크지 않지만, 그 순간은 기뻐서 정말로 소리를 질렀다.
내가 앓던 몸살 감기를 아이에게 옮겨 어린이집에 보내지 못한 날이었다. 미안한 마음으로 가라앉아 있던 하루의 끝에, 찾아온 연락은 예기치 못한 위로였다.

달리기의 끈을 놓지 않고 지켜오니 이런 날을 만났다. 최종 인터뷰를 앞두고는 걱정이 또 스쳤지만, '280명이 넘는 지원자 중에 내가 선택된 건, 나만의 이야기가 있기 때문'이라고 되뇌었다. 달리기를 통해 엄마로서, 교사로서도 성장했다는 사실. 그것만은 분명했다.

인터뷰가 시작되자 어색함도 잠시, 대화를 나누며 알았다. 사람마다 달리기에 담긴 이야기가 다르기에, 그래서 모두 의미가 있다는 걸. 나의 이야기 또한 누군가에게 닿을 수 있겠구나 하는 용기가 들었다. 인터뷰는 면접처럼 정답을 말하는 자리가 아니라, 숨겨진 이야기를 꺼내는 자리였다.

마주보기 싫었던 내 모습도 드러났지만, 괜찮았다. 달리기가 깊어지고 싶어 시작한 이 도전이, 내 인생 전체를 향한 전환이 될 수 있겠다는 예감이 들었다.

다음날 출근해 아이들에게 말했다.
"얘들아, 선생님 어제 인터뷰했어. 달리기 인터뷰. 책으로 나올 거야."

아이들은 자연스럽게 받아들이며 환하게 축하해줬다. 한 아이가 "책 살 거예요!"라길래 나는 "안 사도 돼. 읽어줄게"라했지만, 그 아이는 "그래도 살래요"라며 웃어주었다. 그 짧은 대화만으로도 아이들의 지지가 온전히 느껴졌다.

내 달리기가 혼자만의 독백일지 모른다고 망설였다. 하지만 아이들의 응원과 프로젝트에 참여하며, 아이들을 키우면서도 틈틈이 달려 스스로를 돌본 이야기가 '충분히 의미 있는 이야기'라는 확신을 얻었다.

더 이상 내 안에서만 맴도는 이야기가 아니다. 지쳐 있는 누군가에게 닿을 거라는 믿음. 그 믿음이야말로 내가 계속 달리고, 엄마인 나 자신을 돌보며, 이 글을 끝까지 쓰게 한 힘이었다.

28

별빛 아래
함께 뛰는 엄마들

달리기는 혼자 하는 운동이다. 혼자 러닝이 늘 당연했지만, 이사를 오고 나서는 이상하게 달리고 와도 마음이 헛헛했다. 예전 동네를 떠올리는 것만으로도 눈가가 촉촉해졌다.

아이들은 외출 후 집으로 돌아갈 때마다 "엄마 우리 왜 13층 집으로 안 가? 13층 집으로 가자" 말하며 원래 집으로 돌아가고 싶어 했다. 생각해보면 당연했다. 아이들은 태어나 자랐던 곳, 말 그대로 고향이었으니.

하지만 애끓는 마음을 뒤로하고 새 동네에 적응해야 했다. 녹은 무려 이사 이틀 만에 새로운 동네의 테니스 클럽에 나가며 아는 얼굴들이 생기기 시작했고, 아이들은 낯설긴 해도 어린이집에서 친구들이 생겼다.

그런데 나는? 예전 동네에서는 연락하면 곧바로 만날 수 있는 육아 동지들이 있었는데, 이곳에서는 외딴 섬에 불시착한 느낌이었다. '운동 센터에 등록할까? 아니면 뭔가를 배울까?' 싶었지만 새로운 취미를 하기에는 미취학 아이 둘을 키우고 일하며 틈틈이 달리는 것만으로도 내 일과는 이미 촘촘히 가득 차 있었다.

문득 함께 달릴 사람을 찾는 건 어떨까 싶었다.

'이 새벽에 같이 달릴 사람이 과연 있을까? 대체 어디서 어떻게 구할까?' 싶었지만, 그래도 여기저기 글을 올렸다. 처음에는 동네 맘카페에 글쓰기 자격이 될 때까지 열심히 드나들며 등업을 했다.

2주 만에 글쓰기 자격을 얻어서 함께 달릴 엄마들을 찾는다는 글을 올렸다. 이어 당근마켓의 동네 소모임에도 모집 글을 남겼고, 마지막으로는 아파트 단톡방에 공유했다.

"러닝 함께하실 분 있으실까요? 러닝 3년 차이지만 거북이 러너라 10km 완주만 4번 해서 부담 없이 천천히 달리실 분 환영합니다. 달리기를 완전 처음 하셔도 앱 사용해서 달리기를 꾸준히 하실 수 있도록 알려드릴게요. 함께 달릴 분 있으실까요?"

맘카페나 당근마켓 소모임에서 모집될 거라 예상했던 것과는 달리, 평소에 활동을 하지 않아서 올릴지를 고민하다가 가장 마지막에 용기를 내서 올린 아파트 단톡방의 반응이 가장 뜨거웠다. 러닝을 같이 하지는 못하지만 멋있다는 둥, 응원한다는 둥 말이 이어졌고 이 글을 계기로 육아하는 부모들의 운동 이야기가 오갔다.

무엇보다 순식간에 9명의 달리기 동료가 모였다. 다른 운동도 아니고 달리기를, 그것도 새벽에 달릴 멤버를 모집하는데, 손을 잡아준 사람이 이렇게나 많다니. 혹시 나와 같은 외로움을 느끼던 분도 있었을까.

일요일에 교회에 가는 분도 있고, 주말에는 저마다 가족들과의 일정이 많을 터였다. 그래서 하루 일과가 시작되기 전 새벽 6시에 달리기로 했다.

첫 달리기를 하는 날에 3명의 엄마가 나왔다. 한 분은 둘째 출산 100일 차라 몸이 많이 약했지만, 어떻게든 이번에는 운동하며 엄마의 몸도 가꿔보겠다며 "저는 천천히 가기는 하겠지만, 절대 빠지지 않을 거예요. 걱정하지 마세요"라는 강한 의지에 무거운 책임감까지 느껴졌다.

한 분을 제외하면 모두가 러닝은 처음이었다. 혼자 뛸 때는 종종 건너뛰던 준비운동도, 이날은 꼼꼼히 했다. 평소에는 중랑천으로 가는 길목마다 신호등이 많아 불편했는데, 다른 분들은 "잠깐 쉴 수 있어 좋아요"라며 웃었다.

덕분에 내가 미처 보지 못한 시선을 배웠다.

이사 온 뒤, 달리기 코스를 찾겠다며 혼자 길을 헤맸다. 막막한 마음으로 달리다 들어선 낯선 아파트 단지에서 작은 쪽문을 발견했다. 그 길은 뜻밖에도 중랑천으로 이어졌다.

어둑한 새벽과 달리, 강을 가로지르는 다리와 가로등 불빛이 환히 번져 있었고 그 대비가 눈부시게 아름다웠다. 내가 이곳을 처음 찾았을 때의 감격을 함께 나누고 싶었다. 아니나 다를까, 같이 달려 도착한 중랑천의 풍경은 역시 눈이 부셨다.

"여기서 사진 찍고 갈까요?"라는 말에, 기다렸다는 듯 모두 휴대폰을 꺼냈다. 처음엔 어색하던 얼굴들이 카메라 앞에서 생기를 띠었다. 혼자 달리기가 외로워 손을 내민 것뿐인데, 함께 달리며 느낀 뿌듯함은 혼자 달릴 때의 성취보다 훨씬 크게 다가왔다.

3.5km를 33분 동안 쉬지 않고 달렸다. 나의 첫 달리기는 겨우 1분씩 다섯 번 달린 것이었는데, 함께한 이들은 그보다 33배의 시간을 두 발로 채워냈다. 혼자 달릴 땐 1분도 길게 느껴졌지만, 함께 달리니 30분은 숨 쉬듯 자연스레 흘러갔다.

혼자 어설프게 이어가던 시간이 앞으로는 함께 달리며 단단히 익어갈 것 같은 예감이 들었다. 하지만 첫 러닝의 벅참이 혹여 다음 운동을 가로막지 않을까 염려되어, 아이를 돌봐야 하는 엄마들이 과연 지킬 수 있을까 싶은 당부를 덧붙였다.

"오늘 하루는 설렁설렁, 무리하지 말고 편히 보내세요."

한 주가 지났다. 아무도 나오지 않으면 어쩌나 걱정했는데, 발 부상으로 빠진 분을 제외하고는 모두 나왔고, 오히려 새롭게 합류한 분도 있었다. 가족들이 여전히 잠든 깜깜한 새벽, 운동을 하겠다고 나온 엄마가 또 있다니.

두 번째 러닝을 마친 뒤, 이 모임이 한 번 하고 끝나지 않으리라는 확신이 들었다. 엄마들의 모습은 조용하지만 늘 그 자리에서 은은히 빛나는 새벽의 별 같았다. 그래서 우리의 달리기를 기념할 이름을 지었다.

'별빛러너즈'.

아이들이 잠든 새벽, 혹은 하루의 육아를 마친 밤, 별빛 아래에서 엄마의 몸과 마음을 일으키는 러닝 모임이었다. 이 소식을 개인 SNS와 모집했던 단톡방에, 새벽을 함께 달린 사진과 함께 올리자 달리는 엄마들 모두가 멋지다며 응원을 보내주었다.

"멋져요. 별빛러너즈."

"세상 멋진 엄마들."

"엄마들의 러닝이여, 영원하여라."

이 응원을 엄마들에게 전해주니 함께 뿌듯해했다. 새벽에 모여 달리는 날도 있었고, 새벽 러닝이 힘든 날에는 밤 러닝을 하기도 했다. 달리고 온 후에 엄마들이 먼저 스스로 "다들 너무 멋져요. 멋진 여성들이에요"라며 서로를 칭찬했다.

내가 달리기를 처음 했을 때, 가장 좋았던 스스로를 긍정하는 그 마음을 모두가 이미 느끼고 있었다. 일요일 새벽 6시에 나오기가 힘들 텐데도 꾸준히 나오는 멤버들을 보면 달리기의 매력을 저마다 느끼고 있는 듯하다. 동시에 나의 책임감도 점점 생기고 있다.

녹은 처음 러닝하는 분들과 같이 뛰면 내 운동량이 줄어드는 것 아니냐고 걱정했지만 그건 정말 작은 일이었다. 공부할 때, 가장 좋은 학습법이 다른 사람에게 알려주는 것이듯, 다른 분께 달리기 방법을 조금이라도 알려주려고 평소 잘 안 챙겨 보던 달리기책도 열심히 챙겨 읽게 되었다. 그러다 보니 나 역시 달리기 방법을 더 깊이 이해하게 되었고, 오히려 다시 운동에 대한 동기부여를 얻었다.

책에서 마음에 남은 문구를 함께 달릴 때 나누자, "이런 거 너무 좋아요. 단톡방에도 자주 올려주세요"라며 적극적으로 반겨 주었다.

달리기의 가장 큰 고비는 늘 시작하기 전의 마음이다. 더 자고 싶고, 편하게 쉬고 싶은 그 마음. 그러나 함께 달리는 날에는 자신을 괴롭히는 그 과정이 생략되었다. 육아가 끝나가는 밤이면 기력이 다해서 밤 러닝은 사치라고만 여겼다. 그런데 함께 하겠다는 약속이, 지친 몸을 이끌고도 밤길로 나서게 했다.

그 길은 더 이상 힘겨운 일만은 아니게 되었다.

이사를 와서 한동안 낯설고 외롭기만 했던 동네. 그런데 달리기 덕분에 나의 반가운 얼굴들이 하나둘 생겨났다. 예전에는 동네 친구 한 명을 사귀기까지 10년이 넘게 걸렸는데, 달리기 덕분에 이사 온 곳에서는 두 달도 안 돼서 동네 친구가 생겼다.

내가 먼저 달리기를 제안했지만, 이제는 나보다 더 많은 거리를 달리는 엄마도 있다. 우리는 함께 달리기만 할 뿐 아니라 점점 더 많은 걸 나누는 절친이 되어가고 있다.

내가 《길 위의 뇌》를 읽고 추천한 것을 기억하고, 한 엄마가 책을 읽은 뒤 "여름의 땀방울이 가을의 결실이 된다"라는 책의 구절을 다시 전해주었다. 마침 그날은 그 엄마, 이제는 친구가 된 그가 먼저 새벽 달리기를 제안해 함께 10km를 달려낸 첫날이기도 했다.

달리기가 내게 새로운 동네에 뿌리를 내리게 한 씨앗이라면, 친구는 그 씨앗에 햇살을 보태준 사람이었다.

달리기를 멈추지 않길 잘했다. 아직 설익은 걸음이지만, 함께하자고 손을 내민 건 더 잘한 일이었다. 이 멋진 여성들과의 러닝이 별빛 속에서만 머물지 않고, 언젠가 한낮의 마라톤으로 이어질 날을 그려본다.

나의 달리기가 조금씩 깊어지며 삶을 일으키는 버팀목이

되어 준 것처럼, 이 엄마들의 삶에서도 달리기가 곁에서 힘을 보태주기를 꿈꿔본다. 물론 친구 사이가 깊어지는 건, 덤으로.

자영찌의 팁

동네 달리기 친구 만드는 법

1. 용기 내어 글쓰기
지역 맘카페, 당근마켓, 아파트 단톡방에 글을 남겨보세요. 가장 뜻밖의 곳에서 함께할 친구가 나타나기도 합니다.

2. 부담 낮추기
"천천히 달려요", "처음이어도 괜찮아요"라는 말 한마디가 참여 문턱을 크게 낮춰줍니다.

3. 시간대 정하기
새벽이나 밤처럼 가족 일정과 겹치지 않는 시간을 고르면 꾸준히 이어가기 쉽습니다.

4. 첫 만남은 가볍게
3~5km 정도, 준비운동부터 시작해 성공 경험을 함께 나누세요.

5. 함께 기록하기
달린 뒤 사진이나 소감을 단톡방에 공유하면 다음 모임으로 이어질 힘이 됩니다.

달리기,
아이에게 스며든 유산

"엄마 달리고 올게. 좀 더 자."

운동복으로 갈아입고 나갈 준비를 하고 있는데 첫째가 깼다. 평소라면 외출 준비에 한참이 걸리는 아이가 잽싸게 일어나더니 "엄마 나도 달리기할래"라며 금세 채비를 마쳤다. 아이와 함께 현관에서 신발을 신고 있는데, 마침 운동을 마치고 돌아온 녹과 마주쳤다.

"엄마 아빠랑 다 같이 달릴거야. 동생은 미워. 같이 안 가."

집에 둘째 혼자 두고 나가자니 걱정이 잠시 스쳤지만, 아이의 간절한 눈빛에 셋이서 집을 나섰다. 뛰다가 걷다 하며 15분쯤 걸려 아파트 한 바퀴를 쭉 돌았다. 집으로 돌아오니 다행히 둘째는 곤히 자고 있었다.

"다음엔 동생이랑도 같이 할거야."

엘리베이터 안에서 아이가 말했다. 혼자 가서 미안했나 보다. 달린 뒤 동생을 먼저 떠올리는 아이의 모습이 기특했다. 처음으로 녹과 아이가 나와 함께 달린 순간이 뭉클했다. 나만 알던 비밀스런 아파트 숲길을 함께 공유한 것도 반가웠다.

사실 아이에게 직접 달리자고 말한 적은 없다. 그저 달리고 와서 "오늘도 엄마 새벽에 달리고 왔어. 기분이 정말 좋았어"라고 말하며, 숨이 차지만 환한 얼굴을 보여줬을 뿐이다.

학교에서도 내가 가장 공을 들이는 건 아이들이 스스로 하고 싶어지게 만드는 '동기부여'다. 아버지가 권하던 권투 대신 스스로 발레를 선택한 순간 훨훨 날아오른 영화 〈빌리 엘리어트〉의 빌리처럼, 우리 집에도 그런 순간이 오기를 바랐다.

그래서 나는 가르치기 대신, 보여주기로 했다. 보고 있으면 따라 하고 싶어지는 '모델링 효과'의 힘을 믿으며 아이가 스스로 달리고 싶어질 때까지 나는 그저 꾸준히 달렸고, 달린 후엔 새벽 달리기 루틴만큼이나 빠짐없이 아이에게 말했다.
"엄마, 오늘도 달리고 왔어."
그렇게 엄마의 달리기에 가랑비 젖듯 익숙해진 아이는 엄마의 마라톤 메달을 만지작거리며 놀다가 친구에게 선물로 주겠다며 떼를 쓰기도 했다. 그리고 어느 날 아이가 먼저 말했다.

"나도 메달 받고 싶어."
"우리 가족이 같이 거북이 마라톤 나가볼까? 어때?"
"정말? 거북이 얼른 보고 싶어."

거북이가 느려도 끝까지 해내는 끈기의 상징임을 아직 모르는 여섯 살 아이는 정말로 거북이와 함께 달리는 줄 알고는 신이 났다. 그 천진한 오해가 귀여워서 웃음이 났다. 하지만 아

이가 스스로 "뛰고 싶다"고 내뱉는 이 순간을 목격하고 있다는 사실이 나를 더 크게 미소 짓게 했다.

그리고 드디어 아이와 첫 마라톤 날, 6살에게는 버거울 수도 있는 4km를 단 한 번도 안아달라고 하지 않고 끝까지 자기 두 다리로 걷고 뛰었다. 아빠와 함께 피니시 라인을 달리며 통과한 아이의 볼이 잘 익은 복숭아처럼 발그레 물들었고, 다리는 왠지 힘이 빠져 보였지만 표정만큼은 환하게 빛났다.

바라던 메달은 없었지만, 거북이처럼 완주했다는 사실이 아이를 충분히 기쁘게 한 듯했다.

그날 이후 반가운 변화가 찾아왔다. 평소 자기 얘기를 잘 하지 않던 아이가 "거북이 마라톤 다녀왔어요"라며 묻지도 않았는데 만나는 사람마다 먼저 자랑했다. 힘들게 해낸 일은 뿌듯하고, 그런 이야기는 절로 나누고 싶어진다는 걸 아이도 알게 된 모양이었다.

"엄마, 달리면 왜 마음이 시원해져?"

달리며 쌓이는 체력만큼, 아이의 질문도 서서히 깊어지고 있었다. 늘 달리면 기분이 좋다고만 했지, 이유는 말해준 적이 없었다.

"달리면 답답한 게 땀이랑 같이 빠져나가서 그래. 그래서 속이 뻥 뚫린 것처럼 시원해지는 거야. 몸도 계속 움직이니까 근육이 튼튼해져서 힘도 세지고. 그래서 달리고 나면 마음도, 몸도 다 가벼워져."

엄마의 말이 마치 햇살인 것 마냥 온몸으로 듣는 듯 멈춰 선 아이와 다시 함께 놀이터를 뺑뺑 돌았다. 몸을 움직이면 머리와 마음이 맑아지고 강해진다는 사실을, 아이와의 대화 속에서 나도 다시 배웠다.

아이를 보며 문득 교실에서 만난 아이들이 떠올랐다. 축구 꿈나무인 한 학생은 과학 시간마다 번뜩이는 질문을 던지곤 했다.

"산소는 눈에 안 보이는데, 어떻게 있는 걸 알 수 있어요?", "그럼 소리도 눈에 안 보이는데, 진짜 있는 거예요? 데시벨이 숫자로 나오면 어떻게 측정하는 거예요?"

운동장에서 단단히 다져진 체력만큼이나, 보이지 않는 현상을 끝까지 파고드는 깊고 유연한 사고가 돋보였다. 그 모습을 보며 운동이 단순히 몸만이 아니라 생각까지 자라게 한다는 걸 실감했다.

그리고 그 힘은 우리 집 아이들에게는 또 다른 모습으로 나타났다. 엄마의 달리기가 아이들의 몸에 스며들며, 체력이 자라는 변화를 보여준 것이다. 저녁 먹기 전에도 놀이터에서 한참을 뛰어놀았는데, 저녁을 먹고 나서 또다시 2차로 달려도 아이들은 지치지 않았다. 같은 날 두 번이나 노는 모습을 지켜본 한 아빠가 "강철 체력이야." 하고 감탄했다.

달리기가 아이들의 몸에도 분명한 힘을 보태주고 있다는 걸, 그 순간 깨달았다.

건강한 가족을 그려온 엄마의 큰 그림 속 흩어져 있던 퍼즐 조각 하나가 제자리를 찾은 듯했다. 내가 인생을 돌고 돌아 엄마가 된 후에야 달리기를 만났듯, 아이도 천천히 그러나 분명히 그 즐거움을 알아가고 있다.

이제는 아이와 함께 달리는 날들을 쌓으며 퍼즐을 하나씩 맞춰갈 일만 남았다. 언젠가 모든 조각이 모이면, 완성된 퍼즐은 아이의 삶에 단단한 버팀목이자 날개가 되어 줄 것이다. 그것이야말로 달리기가 아이에게 남겨줄 가장 멋진 유산이 아닐까.

자영씨의 팁

아이와 달리기를 자연스럽게 스며들게 하려면

1. 보여주기부터

"달리자"보다, 꾸준히 즐겁게 달리는 부모의 모습이 최고의 동기부여가 됩니다.

2. 짧고 가볍게

아파트 한 바퀴, 놀이터 몇 바퀴처럼 부담 없는 거리에서 시작하세요. 아이에게 첫 경험은 즐거워야 해요. "또 하고 싶다"라는 말이 나오면 절반은 성공이에요.

3. 놀이처럼

뛰다 걷다 하며, 웃고 떠드는 시간을 만들어주세요. 운동보다 놀이로 느낄 때 오래갑니다.

4. 성취 경험 주기

가족 마라톤, 작은 완주 경험이 아이의 자신감을 크게 키웁니다.

5. 느낌 나누기

달린 뒤 "가슴이 뻥 뚫린다"라는 부모의 말 한마디가 아이 마음속 씨앗이 됩니다.

30
달리는 가족은 흔들리지 않는다

"나도 마라톤 한 번 나가볼까? 한 번 알아봐 줘."

내 귀를 의심했다. 이사 간 동네에서 아는 사람이 생겼냐는 시어머니의 질문에, 동네에서 함께 달리는 사람들이 생겼다고 답했을 뿐인데, 그 말에 어머님도 누군가와 함께 달리고 싶었던 걸까. 어버이날 식사 자리에서 평정심을 유지하려 애썼지만, 마음이 흔들렸다. 달리기를 하고 싶다고 하신 그 말씀이 고스란히 내 몫이 될 것만 같았다.

아이를 낳기 전에는 시댁에 가면 "자영이 왔니?"라고 물으시던 분이, 아이들과 함께 찾으니 내 인사도, 내 모습도 닿지 않았는지 아이들만 반겨주셨다. 아이들을 예뻐하는 마음에 감사했지만 동시에 나는 그곳에 없는 존재 같았다.

집에서는 밥 먹을 때 아이들에게 티비를 틀어주지 않고, 스스로 밥 먹는 습관을 기르고 있다. 하지만 시댁에 가면 아이들이 좋아하는 티비를 틀어놓고, 그걸 보느라 정신없는 아이들에게 밥을 떠먹여 주셨다. 그곳에서는 나의 육아 철학을 일관되게 하기는 어려웠다.

때로는 속상하고 원망스럽기도 했다. 생각해보면 나에게 감정이 있어서 그런 게 아니라 본인의 삶의 방식대로 표현할 뿐이라는 걸. 손주가 너무 사랑스러워서 손주만 눈에 보이는 걸 이제는 안다.

그런 시어머니가 달리기, 그것도 마라톤을 해보고 싶다고 먼저 손을 내밀어주신 것이다. 시어머니께 보여드리려고 달린 적은 없지만, 어느 순간부터 나를 인정하는 시선이 조금씩 느껴졌다. 직접 말씀은 안 했어도, 결혼 초기와 달리 내가 달리면서 모난 부분을 조금씩 덜고 부드러워지는 모습을 느끼셨을 것이다.

그렇게 나도 모르는 사이, 시어머니와의 관계도 마라톤을 위한 준비처럼 차곡차곡 쌓여갔다. 돌아보면, 내 달리기가 이어질 수 있었던 이유 중에는 아이들을 가끔 맡아주시던 시어머니의 지원도 있었다.

몇 년 전 생신에는 헬스장 이용권을, 한 해 전에는 러닝화 매장에 함께 가서 신발을 사드렸다. 어머님의 발을 제대로 측정하고 러닝화까지 마련되어 있었으니 의도한 건 아니었지만, 마라톤을 나갈 준비는 이미 되어 있었다.

어머님의 제안에 "봄 마라톤은 거의 끝났으니, 가을로 알아볼게요"라고 했지만, 가족의 건강과 관련한 일을 미루었다가 가을에 기회를 못 만나게 된다면 영원히 후회할 것 같았다. 촉박한 일정에 알아보니, 6월 초 마라톤이 있었다.

"5km와 10km 중 어느 쪽으로 신청하실래요? 5km는 처음 달리기를 시작하는 분들도 도전할 수 있는 거리예요."

"그럼 10km 뛰어야지. 해볼게."

67세라는 나이에도, 주저함 없이 10km를 선택하셨다. 어머님과 10km를 뛸 생각을 하니, 체력을 더 단련해야겠다 싶었다. 시어머니와 단둘이 뛸 용기까지는 나지 않아서, 녹에게 함께하자며 SOS를 쳤다. 부부가 동시에 참여하면 아이들을 봐줄 사람이 없으니 녹과 내가 각각 한 명씩 맡아 유모차를 끌고 갈 생각이었다.

그냥 마라톤이 아니었다. 시어머니와 아이들까지 모두 함께하는 마라톤을 마음에 품었다. 떠올리는 것만으로도 힘겨웠지만, 마라톤 등록을 한 이후 시어머니가 트레드밀에서 열심히 달리며 준비 중이라는 소식을 전해 듣고는 곧바로 마라톤을 알아보길 참 잘했다 여겼다.

며칠 뒤 생각지도 못한 전화를 받았다. 시할머니를 모시

느라 시골에 떨어져 지내는 시아버지가 달리는 날에 맞춰 올라와 아이들을 봐주겠다 하셨다. 아버님의 설렘이 수화기 너머로 전해져왔다.

'미루지 않길 잘했구나. 정말로 혼자 하는 게 아닌, 가족의 달리기가 되어가고 있구나.' 어머님 아버님의 설렘에 더한 나의 설렘까지, 그 설렘은 봄날의 눈덩이처럼 불어났다.

시어머니와 마라톤 신청하고는 여러모로 걱정이 가득했다. 인생의 모든 순간이 막상 닥치면 별일 아닌 게 되듯, 이날의 마라톤은 걱정했던 것보다 모든 것들이 나았다.

5월에도 이미 날씨가 더웠다. 그보다 3주 뒤, 여름을 목전에 앞둔 6월에 그것도 60이 넘으신 시어머니와 달릴 생각에 걱정이 됐다. 혼자 뛰는 거면 대수롭지 않게 여겼을 날씨가 큰 근심이 되었다. 달리는 동안 목에 시원하게 두를 쿨스카프를 챙겼고, 어머님의 통풍이 안 되는 모자 대신 내가 가장 아끼는 기부 마라톤에서 받은 통풍이 잘 되는 모자로 씌워드렸다. 날씨도 마침 도와서, 하늘을 뒤덮은 구름과 가로수가 만들어준 곳곳의 그늘 덕에 예상보다는 시원했다.

어머님보다 뒤처질까 걱정했던 내 체력은 초반에 치고 나가시는 어머님의 모습을 보며 더욱 불안해졌다. 그러나 곧 걸음이 느려지신 어머님 옆에서 끝까지 단단하게 함께 달릴 만큼 체력이 쌓여 있었다.

어머님이 지칠 때마다 "힘내세요." 하고 옆에서 보조했고, 출발 전에 먹어야 할 에너지 젤을 뒤늦게 건네준 녹 덕분에 사레가 들릴 뻔 해 타박을 하며 어머님과 한 팀이 되기도 했다. 숨이 가빠지셨을 땐 "어머님, 달리기의 연료는 산소예요. 깊게 숨을 들이마셔 보세요"라고 조언했고, 어머님은 내 말을 귀 기울여 들으며 함께 호흡을 가다듬으셨다. 이날만큼은 마음에 먹구름이 낄 틈이 없었다.

무엇보다 어머님과 첫 마라톤을 처음부터 끝까지 웃으며 함께 달렸다. 이날 나는 어머님을 진심으로 존경하게 되었고, 어머님도 왠지 스스로를 대견하게 여기는 듯한 얼굴이었다.

시어머니와 마라톤을 뿌듯하게 마치고 나니, 친정 부모님이 눈에 밟혔다. 가족의 건강을 위한 일을 정작 우리 부모님이

30 달리는 가족은 흔들리지 않는다

랑은 함께하지 못했다는 생각에 우리 부모님과도 함께 달리기를 하고 싶었다. 내가 그동안 마라톤이 고통스럽기만 한 운동일 거라 생각해 온 데에는 엄마의 영향이 컸다. 마라톤 중계를 보며 "저건 너무 힘든 운동이야. 아무나 못 해."

엄마를 통해 내 귀에 박히게 들어온 그 말이, 내 안에 단단히 박혔듯 엄마에게는 뼛속 깊이 박혀 있었다.

내가 달릴 때 모든 이들이 박수를 쳐도 손가락질을 하던 단 한 사람이 엄마였다. "하필 왜 그렇게 힘든 운동을 하냐"라며 이 운동을 잠깐 하다가 그만하길 바랐다.

어떤 운동이든 시작만 하고 그만두던 나였지만, 이 운동만큼은 계속 이어갔다. 하루는 시골 부모님 집에 내려가, 여느 때처럼 아이들이 깨기 전에 달리기 위해 가로등 하나 없는 그 깜깜한 곳을 나섰다. 깊은 어둠이 무서웠다. 그래도 달리는 것 아니면 나를 살릴 방법을 몰라, 살기 위해 달렸다. 평소보다 더 힘든 달리기를 하고 오면 뿌듯함은 얼굴에 더 오래 남는다. 그날도 그랬다.

그 모습을 본 엄마가 처음으로 내 달리기를 긍정했다. 마라톤 메달을 받는 것보다 더 값진 그 순간은 사진처럼 선명하게 남아 있다.

부모님과도 달리고 싶어서 부모님이 계시는 해남의 마라톤을 찾아보니, 마라톤이 있었다. 알고 보니 봄과 가을에 두 번이나 열리는 이곳은 마라톤의 고장이었다. 부모님과 가을 마라톤을 신청하기로 했다. 말로만 설명해서는 내가 돌아가면 바로 없던 일이 될까 봐 곧바로 부모님의 핸드폰에 각각 런데이 앱을 깔아 드렸다. 녹에게 아이들을 맡기고 부모님과 밖으로 나왔다.
나를 달리기의 세계로 이끌어 준 런데이 30분 달리기 첫 코스를 부모님과 함께 시작했다.

달리기를 그렇게 두려워하던 엄마도, 이것저것 운동을 해 왔지만 단 하나의 운동을 여전히 만나지 못한 아빠도, 억지로 등을 떠미는 것을 못 이기는 척 나왔다.
딸이 이렇게 적극적으로 뭔가를 함께 하자고 한 적이 처음이라 그랬을까. 아니면 얼마 전 세상을 떠난 반려견 버들이를 떠올리며, 가족과 매 순간을 건강하고 소중하게 지내고 싶은 마음이 내 안에만 있던 게 아니라 그랬을지도 모른다.

그런 마음이 모여, 셋이 나란히 마당에 섰다. 앱을 켜자 런데이 트레이너의 힘찬 응원의 목소리가 들려왔다. 엄마는 그걸 유독 좋아하셨다. "별로 많이 안 했는데도 앱 선생이 잘했다고 자꾸 하네"라며 칭찬을 아이처럼 즐겼다. 아빠는 말로 표현하지 않았지만 옅게 웃으며 달렸다.

"나는 달리면 숨이 너무 차."
"농사일하면서 운동할 시간 내는 건 너무 힘들다."

시작 전, 엄마와 아빠는 그렇게 말했다. 그런데 내가 그곳을 떠난 뒤에도, 두 분은 이틀에 한 번, 사흘에 한 번 꼬박꼬박 달리며 인증 사진을 보내오고 있다. 평소 잠잠했던 가족 카톡방이 소란스러워졌다.

달리기를 지속하면서도 전화를 걸어보면 "나 10km는 못 뛸 것 같아"라며 여전히 두려워하는 엄마지만, 그럼에도 이어가는 달리기에 나 또한 앱선생처럼 칭찬을 퍼부어주었다.

요란스럽고 힘겹게 30분 달리기를 해냈던 나와는 달리, 부모님은 한 번도 진도를 되돌리지 않고 8주 차의 코스를 정말로 딱 2달 만에 성공했다. 내가 지켜온 꾸준함의 덕을, 결국 부모님이 내 안에 심어주신 작은 씨앗에 돌려야 할 듯했다.

"너희 시어머니가 10km를 달린다고 했을 때, 나는 못할 줄 알았는데 이제는 할 수 있을 것 같아. 근데 아빠가 달릴 때 부드러워진다? 그리고 나한테 칭찬도 해줘. 자네 잘 달리네 하고."

평생 아빠를 두려워하며 살아온 엄마가 달리는 순간 부드러워지고, 칭찬까지 하는 아빠를 만나며 신기해했다. 이제 부모님은 내가 권하지 않은 날에도 울퉁불퉁하고 그늘 하나 없는 시골길을 계속 달리면서도 "이걸 왜 이제야 알았을까"라고 말한다.

이, 요물 달리기. 60이 넘은 부모님께 인생 운동이 되어 준 것도 모자라, 그토록 보고 싶었던 두 분의 다정한 장면까지 선물하다니.

우리 가족은 누구보다 가깝지만, 동시에 가장 큰 상처를 주고받았던 보통의 가족이었다. 달리기를 한다고 앞으로 서로에게 상처 주지 않을 거라 믿는 건 소설보다 더 소설 같은 이야기일 뿐이다.

그럼에도 이제는 그 상처가 더 이상 가족의 존재 자체를 위협하지는 않으리라. 나도, 부모님도, 심지어 시어머니까지도 달리는 사람이 되었으니까.

가족 안에서 무너진 마음으로 상담을 받아도 다다를 수 없었던, 상처에도 금세 회복하는 마음의 근육인 '회복탄력성'이라는 그 단어가, 달리며 자연스럽게 내 이야기가 되어가고 있다.

예전에는 무슨 일이 있으면 고민에 빠지고 자책하며 괴로워했지만, 이제는 답답한 마음을 안은 채로 그저 달리러 나간다. 학교에서 스트레스가 쌓인 날에는 곧장 아이들을 데리러 가지 않고, 10분이라도 달린 후에 아이들을 만나러 간다.

답답하면 달린다. 내가 발견한 가장 빠르고 정확한 그 정답, 달리기. 이제 그 정답을 나 혼자가 아니라 우리 가족 모두가 함께하고 있다.

뿌리까지 흔드는 강풍이 불어온다 하더라도, 결코 그 뿌리까지는 흔들리지 않으리라. 불확실한 시대, 장담할 수 있는 게 거의 없는 세상에서 장담할 수 있는 것을 만났다.

내 달리기는 이제 내 것만이 아님을 다시금 깨닫는다. 달리는 엄마는, 아니 가족은 흔들리지 않는다.

에필로그
이제 당신의 달리기입니다

아이와 함께 놀이터에 갑니다. 그곳에서 예전의 나와 닮은 얼굴들을 마주칩니다. 달리는 모습을 몇 번 들킨 뒤로는 호기심 어린 질문을 받기도 합니다.

"와, 대단하세요."

그 말을 들을 때마다 쑥스럽지만 웃으며 말합니다.

"저 원래 체력이 정말 약했어요. 지금도 그렇게 강해 보이진 않잖아요. 저도 했으니, 달리실 수 있어요."

그러면 종종 주저하는 대답이 이어집니다.

"저는 체력이 약해서 못해요."

맞아요. 저도 그랬으니까요. 달리기를 시작하기 전에도, 시작하고 나서도, 그리고 하프 마라톤을 완주한 지금조차 여전히 하는 말이니까요.

"아이 키우느라 운동할 시간이 없어요."

이 말 또한 깊이 공감합니다. 저 역시 늘 시간이 모자란 엄마이니까요. 하지만 오히려 시간도 체력도 부족할수록 나를 지켜줄 무언가가 필요했습니다.

수많은 방법 중 제게는 신발만 신으면 어디서든, 짧게도 길게도 할 수 있고, 할 때마다 스스로를 긍정하게 해주는 달리기가 정답이 되었습니다.

그래서 오늘도 마음속으로 되뇝니다. 3년 넘게 달려도 여전히 완벽한 러너는 아니고, 5년을 키워도 여전히 서툰 엄마이며, 12년 넘게 일해도 여전히 흔들리는 교사지만 괜찮다고.

조금 느려도, 자주 지치더라도 오늘도 내 속도로 숨차게 달리고 있으니, 그것만으로도 충분히 멋진 러너이고 좋은 엄마라고.

일하고, 달리고, 아이들과 하루하루를 살아내는 길 위에서 나와 닮은 얼굴들에게 건네고 싶은 이야기가 떠올랐습니다.

책상 앞에 오래 앉을 수 없는 날에는 짧게라도 인스타, 블로그, 카카오톡 나에게 등 어디에든 흔적을 남겼고, 그 흔적 덕에 건네고 싶은 말들이 이렇게 모였습니다.

하루를 버텨내는 것만으로도 벅찬데, 글을 쓰며 스스로와 아이들을 힘들게 하는 건 아닐까. 아이를 우선하기보다 엄마의 삶을 돌아보고 달리기의 여정을 정리한다는 선택이 과연 잘하는 일인 것일까. 망설이던 날도 있었습니다.

그런데 이상하게도 달리고 나면 마음이 다시 선명해졌습니다.

둘째가 11개월일 때 시작한 이 걸음을 지금까지 이어오고 있지만, 여전히 시간이 부족합니다. 그러한 순간에도 누군가에게 이 이야기가 필요하다는 생각에 글을 썼습니다.

아무도 써달라고 하지 않은 이야기였지만, 이렇게 나를 그리고 우리 가족을 살린 이 이야기를 나누지 않으면 더 나아갈 수 없을 것 같았습니다. 그 과정이 너무 고된 날에는 아이가 우는 것을 핑계로, 엄마인 저도 아이들과 함께 소리 내어 울었습니다.

힘겨워도 이 글을 끝까지 써낸 이유는 분명합니다. 나와 같이 현재진행형의 육아 속에서 아이만이 아니라 엄마 자신도 돌보고 싶은 마음이 분명히 존재한다는 사실을 알기 때문입니다.

별다른 육아 도움을 받을 곳이 없는, 약골의 엄마가 아이들뿐 아니라 달리기를 통해 무너져가던 자기 몸까지 함께 돌볼 수 있었으니, 당신도 그럴 수 있다는 사실을 꼭 전하고 싶었습니다.

그래서 이 이야기를 건넵니다. 체력을 기르며, 엄마의 삶까지 사랑하게 된 이 여정을요.

이 글을 읽는 당신이 달리며 체력을 회복하고 삶을 사랑하게 되기를 바랍니다.

당신도, 나도 결국 모든 순간은 지나가고, 아이를 끌어안고 울던 우리의 날들조차 시간이 흐르면 따뜻한 기억으로 남을 것입니다.

    제 달리기를 보며 달리고 싶어졌기를 바랍니다.
    이제 책을 덮고 당신의 이야기를 써 내려갈 시간입니다.
    이제, 당신의 달리기입니다.

인문학 ✕ 경영학

상위 1%의 인재들은 미술관에서 무엇을 배울까?

하버드, 펜실베이니아, MIT, 런던정경대, INSEAD 등
세계 최고 MBA의 경영수업이
지금 미술관에서 펼쳐진다!

월급쟁이에서 건물주로!!
꼬마빌딩 건물주의 꿈이 현실이 되다!!

부동산 투자로
1억 5천만 원을 손해 본 신혼부부는

어떻게 200억 원대 꼬마빌딩 4채의
건물주가 될 수 있었나?